S Block

**Friedrichs des Grossen Antimachiavelli**

S Block

**Friedrichs des Grossen Antimachiavelli**

ISBN/EAN: 9783743429055

Hergestellt in Europa, USA, Kanada, Australien, Japan

Cover: Foto ©ninafisch / pixelio.de

Manufactured and distributed by brebook publishing software (www.brebook.com)

S Block

**Friedrichs des Grossen Antimachiavelli**

# Programm

der

# Realschule I. Ordnung zu Stralsund

## Ostern 1875.

Im Namen des Lehrer-Collegiums

herausgegeben

von dem Director

Dr. Ernst Brandt,

Ritter des Königlichen Hohenzollerschen Hausordens.

---

Inhalt:

1. Friedrichs des Großen Antimachiavelli. Block.
2. Schulnachrichten vom Director.

---

Stralsund, 1875.

Druck der Königl. Regierungs-Buchdruckerei.

# Schüler-Verzeichniß.

## Winterfemester 1874/75.

### Prima.
1. Otto Bauer aus Zipfe.
2. Hermann Bengien aus Wolgast.
3. Gustav Bilfow aus Gingst.
4. Hermann Buschenhagen aus Jacobsdorf.
5. Hermann Gronow aus Stralsund.
6. Hermann Hemmings aus Wolgast.
7. Hermann Jentzen aus Stralsund.
8. Johannes Masch aus Wolgast.
9. Friedrich Mosbahn aus Stralsund.
10. Emil Mau aus Groß-Kubitz.
11. Albert Mührer aus Wolgast.
12. Fritz Potenberg aus Binz.
13. Hermann Schütt aus Barth.
14. Otto Schulz
15. Hermann Schwing aus Lüffow.
16. Hermann Tode aus Stralsund.
17. Emil Liebenthal aus Bergen.

### Ober-Secunda.
1. Max Anderfeck aus Stralsund.
2. Paul Dalmer
3. Eduard Dittwahl
4. Otto Fock aus Alt-Kamp.
5. Karl Glitzly aus Trent.
6. Fritz Harder aus Stralsund.
*7. Bernhard Heyußen aus Golberg.
8. Ernst Hübner aus Stralsund.
9. Ernst Krempien aus Roslock.
10. Heinrich Kühlbach aus Tribohm.
11. Siegmund Löwenthal aus Rostock.
12. Friedrich Martens aus Stralsund.
13. Louis Miedbrodt
14. Walter Paul
15. Reinhold Pierih aus Krummenhagen.
16. Friedrich Wilhelm Rudeloff aus Rostock.
17. Albrecht Scheffisch aus Stralsund.
18. Otto Schmidt
19. Moritz Sorge aus Lüffow.
20. Paul Weyergang aus Stralsund.
21. Paul Zilge

### Unter-Secunda.
1. Wilhelm Amtsberg aus Stralsund.
2. Ernst v. Berg aus Dublewitz.
3. Ewald Böhm aus Binzig.
4. Franz Biblingmayer aus Stralsund.
5. Ernst Becker
6. Ernst Brandenburg „  „
7. Friedrich Drews „  „
8. Otto Eiermann „  „
9. Hans Engel „  „
10. Heinrich Jäcks aus Barth.
11. Ernst Garloff aus Stralsund.
12. Albert Gronow „  „
13. Richard Hadbusch a. „
*14. Leopold Harder aus Richtenberg.
*15. Carl Heibborn aus Stralsund.
*16. Wilhelm Heverník a. „
17. Wilhelm Koch aus Bärenwalde.
18. Hermann v. Köhler aus Franzburg.
*19. Ernst Kosbahn aus Stralsund.
20. Max Krüger aus Löbnitz.
*21. Paul Lange aus Stralsund.
22 Carl Leitner aus Grimmen.
*23. Otto Liebenow aus Stralsund.
24. Emil Losfewih „  „
25. Otto Luther „  „
*26. Leopold Maurer a. „

### Ober-Tertia.
1. Otto Abshagen aus Bonnevitz.
2. Otto Arndt aus Stralsund.
3. Richard Baier a. „
4. Friedrich Berg „  „
5. Max Engel „  „
6. Malte Engelbrecht a. „
7. Emil Gischlow a. „
8. Wilhelm Gräfer a. „
9. Hugo Groenlund aus Drofedow.
10. William Gronow aus Stralsund.
11. Robert Hecht aus Leplow.
12. Fritz Hoff aus Richtenberg.
13. Max Horn aus Stralsund.
14. Hugo Hickstaedt a. „
15. Albert Ibarth „  „
*16. Rudolf Krajewsky a. „
17. Gustav Krehmke a. „
18. Helmuth Kriesmann aus Treptow.
19. Otto Lange
20 Carl Lange „  „
21. Carl Lombard aus Stralsund.
22. Carl Mecklenburg a. „
23. Carl Oesterreich aus Putbus.
24. Robert Pierih aus Krummenhagen.
25. Friedrich Ploeh aus Barth.
26. Gustav Rassow aus Berthle.
27. Karl Rueth aus Stralsund.
28. Wilhelm Runge a. „
29. Robert Schluck „  „
30. Max Scholz „  „
31. Wilhelm Schroeder aus Neuenpleen.
32. Otto Schlimann aus Stralsund.
33. Carl Schulz aus Karbitz.
34. Robert Spieder aus Stralsund.
35. Arthur Spiegelberg aus Barth.
36. Friedrich Westphal aus Stralsund.
37. Rudolf Weweher aus Sagard.
38. Paul Wüsthof aus Trent.
39. Max Zilge aus Stralsund.
40 Paul Weber a. „

### Unter-Tertia.
1. Otto Abel aus Stralsund.
2. Robert Ahrens a. „
3. Ernst Anders aus Grimmen.
4. Hermann Appel a. „
5. Gustav Böttcher aus Stralsund.
6. Ernst Braner aus Garz.
7. Carl Dankwardt aus Stralsund.

### Winterfemester 1874/75 (cont.)
27. Max Neumann aus Lapih.
28. Carl Otto aus Stralsund.
†29. Eduard Penh aus Warz a/R.
30. Frommuhold Pierih aus Krummenhagen.
31. Otto Rasmus aus Stralsund.
32. Richard Rasiow aus Patzig.
33. Franz Reiner aus Stralsund.
34. Wilhelm Richard a. „
35. Max Richmann „  „
36. Carl Möhle „  „
37. Richard Scheven aus Schönhof.
38. Carl Schütt aus Stralsund.
39. Adolph Stone „  „
40. Adolph Tamh aus Barth.
41. Friedrich Thurow aus Wolgast.
42. Adolph Tiburtius aus Neuendorf.
43. Paul Vieth aus Stralsund.
44. Wilhelm Warule aus Seulow.
45. Arnold v. Zanthier aus Granfebieth.

8. Wilhelm Dankwardt aus Stralsund.
9. August Darmer aus Liverpool.
10. Emil Engelbrecht aus Stralsund.
11. Ernst Fahrenholz aus Patzig.
12. Emil Gerlach aus Zühlih.
13 Eberhard Gischlow aus Stralsund.
14. Eduard Grünwald „  „
15. Albert Güthow aus Vobleudorf.
16. Gustav Günnel aus Richtenberg.
17. Wilhelm Hanow aus Stralsund.
18. August Haß aus Stralsund.
19. Felix Heinzelmann a. „
20 Wilhelm Heß aus Raiswiek a/R.
21. Johann Holtien aus Steinhagen.
22. Wilhelm Hopp aus Stralsund.
23. Erich Jujel „  „
24. Paul Jörh aus Berlin.
25. Albert Koester aus Stralsund.
26. Carl Krabbe aus Krummenhagen.
27. Gottfried Kruse aus Seedorf a/R.
28. Leopold Krüger aus Stralsund.
29. Hermann Kübler a. „
30. Paul Lange aus Wolgast.
31. Richard Look aus Stralsund.
32. Wilhelm Maas aus Kl. Kordshagen.
33. Emil Marquardt aus Stralsund.
34. Fritz Möller aus Steinhagen.
35. Heinrich Müller aus Stralsund.
36. Otto Nell „  „
37. Carl Niemann „  „
38. Max v. Normann a. „
39. Johannes Pahnle aus Liefchow.
40. Hermann Peters aus Stralsund.
41. Fritz v. Reiche „  „
42. Albert Ritter „  „
43. Carl Rüterbusch „  „
44. Paul Schlud „  „
45. Otto Schröder „  „
46. Bertram Schulze „  „
47. Hermann Schümann a. „
48. Carl Sperling „  „
49. Ernst Strud „  „
50. Ernst Uh aus Bergen.
51. Carl Veigt aus Stralsund.
*52. Gustav Wachtelm a. „
53. Albert Weyergang „  „
54. Eduard Witten „  „
55. Otto Withaus „  „
56. Hans Wolter „  „
57. Wilhelm Wothle aus Wiek a/R.

### Quarta A.
1. Alfred Bahlrsch aus Barth.
2. Carl Befel aus Stralsund.
3. Wilhelm Brüstgam aus Stralsund.
4. Otto Burkhart „  „
5. Hermann Dahn „  „
6. Erich Dankwardt „  „
7. Arnold Dierig „  „
8. Carl Dinfe „  „
9. Louis Drews „  „
10. Adalbert Engel „  „
11. Carl Ewert „  „
12. Albert Fallenthal aus Luckenwalde.
13. Richard Fallenthal „  „
14. August Haase aus Stralsund.
15. Carl Henning „  „
16. Julius Honueyer aus Kaschow.
17. Hermann Klein aus Stralsund.
18. Otto Koch „  „

---
Die mit * bezeichneten Schüler sind im Laufe des Winters abgegangen, der mit † bezeichnete ist gestorben.

19. Walter Köppen aus Stralsund.
20. Walter Kosbahn „ „
21. Otto Kraft „ „
22. Johann Kröger a. „
23. Gustav Kurth „ „
24. Hermann Kelm aus Koblenz.
25. Paul Meyer aus Stralsund.
26. Adolph v. Möhlenfels aus Stralsund.
27. Hermann Luther „ „
28. Adolph Neumann „ „
29. Ehrenried Oesterreich aus Wobbin.
30. Max Pabnke aus Lüsdow.
31. Heinrich Patow aus Zingst.
32. Paul Peuß aus Stralsund.
33. Paul Raap „ „
34. Eduard Rieß a. „
35. Johannes Schmidt aus Grimmen.
36. Wilhelm Schmied aus Stralsund.
37. Wilhelm Schnurr „ „
38. Wilhelm Schulz aus Carwitz.
39. Ludwig Schumacher aus Prohn.
40. August Schütz aus Stralsund.
41. Walte Stahnke aus Bieregge.
42. Otto Strauß aus Stoltenhagen.
43. Gustav Tesnow aus Stralsund.
44. Paul Tesnow „ „
45. Hermann Tönnies a. „
46. August Wagner aus Zingst.
47. Gustav Wied aus Stralsund.

**Quarta B.**

1. Wilhelm Arndt aus Stralsund.
2. Carl Bartens „ „
3. Richard Darschlag aus Altefähre.
4. Albert Dettmann aus Stralsund.
5. Paul Eckert „ „
6. Gustav Fromm „ „
7. Heinrich Grahl „ „
8. Gustav Grönlund aus Drosedow.
9. Heinrich Horn aus Stralsund.
10. Otto Hase „ „
11. Otto Knaut aus Altefähre.
12. Max Kreplin „ „
13. Johannes Lübbe aus Stralsund.
14. Julius Maaß „ „
15. Robert Maaß „ „
16. Nicolaus Maurer a. „
17. Georg Mie „ „
18. Max Petersen „ „
19. Alwin Ploeg aus Gützow.
20. Otto Pohle aus Carlshof.
21. Franz Ralowsky aus Stralsund.
22. Otto Saeger „ „
23. Gustav Salomon aus Regenwalde.
24. Max Sauerbier aus Wolgast.
25. Richard Sauerbier a. „
26. Wilhelm Schierer aus Bergen.
27. Otto Schmurr aus Sensow.
28. Hermann Zinth aus Altenpleen.
29. Carl Wahl aus Stralsund.
30. Max Weißpfal a. „
31. Alexander Zeten aus Sagard a. R.
32. Richard Zimmermann aus Swinemünde.
33. Bernhard Zernow aus Stralsund.

**Quinta A.**

1. Franz Ahrens aus Stralsund.
2. Ernst Anders aus Gr. Kalow.
3. Alfred Becker aus Stralsund.
4. Ferdinand Becker a. „
5. Robert Beng „ „
6. Alfred Beyer aus Bieregge.
7. Paul Blandow aus Stralsund.
8. Max Makvari aus Altefähre.
9. Robert Dibbelt aus Lüssow.

10. Paul Fürstenow aus Stralsund.
11. Albert Haedge „ „
12. Helmut Heugelmann an Stralsund.
13. Richard Heugelmann „ „
14. Carl Hinrichs „ „
15. Paul Hofrichter „ „
16. Albert v. Homeyer „ „
17. Gustav Kahl aus Bladrow.
18. Max Kindt aus Stralsund.
19. Eduard Krüger a. „
20. Paul Löserow „ „
21. Carl Martens „ „
22. Otto Maurer „ „
23. Paul West „ „
24. William Ohlrich a. „
25. Hermann Panels „ „
26. Wilhelm Peus „ „
27. Carl Riemer „ „
28. Hans v. Robbertus aus Rabenow.
29. Paul Rütting aus Zollendorf.
30. Otto Rütting „ „
31. Richard Scharff aus Stralsund.
32. Franz Schoof „ „
33. August Schwerin aus Wilsdow.
34. Hermann Steinbart aus Stralsund.
35. Friedrich Stiegler aus Kl. Medenbagen.
36. Walte Subr aus Stralsund.
37. Theodor Subr aus Capenhagen.
38. August Vierow aus Stralsund.
39. Hans Waterstradt a. „
40. Hermann Weber „ „
41. Ludwig Weber „ „
42. Friedrich Wille aus Friedrichshof.
43. Carl Wittenberg aus Stralsund.
44. Herbert Lyons aus London.

**Quinta B.**

1. Friedrich Bartels aus Wolgast.
2. Max Barthe aus Prerow.
3. Emil Benekendorff aus Stralsund.
4. Friedrich Bordasch „ „
5. Carl Bremer „ „
6. Gottfried Denzien aus Zegebadenhau.
7. Heinrich Dirks aus Stralsund.
8. Franz Dittmer „ „
9. Johannes Evers a. „
10. Max Ehrhardt aus Altefähre.
11. Carl Franck aus Stralsund.
12. August Funt aus Sagard.
13. Carl Gieß aus Stralsund.
14. Emil Heidemann aus Stralsund.
15. Werner Holften aus Steinhagen.
16. Ulrich Kurth aus Stralsund.
17. Carl Mahnke aus Zanseburr.
18. Friedrich v. Neumann aus Franzburg.
19. Max Peuß aus Stralsund.
20. Hans Pietsch a. „
21. Ulrich Pegge aus Sensow.
22. Paul Rosenkranz aus Grimmen.
23. Robert Saß aus Stralsund.
24. Ludwig Schlenger aus Stralsund.
25. Hugo Schmidt „ „
26. Albert Schmidt aus Niepars.
27. Friedrich Schorler aus Stralsund.
28. Hermann Schröder aus Wiek a. R.
29. Christoph v. Schulz aus Granskevitz.
30. Hans Schümann aus Stralsund.
31. Ernst Ziemen „ „
32. Otto Stiegler aus Medenbagen.
33. Robert Stiegler aus Stralsund.
34. Friedrich Struck „ „
35. Carl Bieth „ „
36. Franz Werthein „ „
37. Carl Wiechmann „ „
38. Albert Wilde aus Behnkenhagen.

39. Wilhelm Wolter aus Stralsund.
40. Albert Zarnke „ „

**Sexta A.**

1. Robert Abel aus Stralsund.
2. Max Abel „ „
3. Ernst Becker „ „
4. Gustav Braun aus Seemühl.
5. Hans Büttner aus Stralsund.
6. Felix v. Behnge a. „
7. Antolph Chan „ „
8. Erich Dietelmann aus Krummenhagen.
9. Wilhelm Danzig aus Stralsund.
10. Gustav Dengien aus Zegebadenhau.
11. Johannes Dierig aus Stralsund.
12. Eduard Evert „ „
13. Albert Fanft „ „
14. Carl Hagemann „ „
15. Paul Holften aus Steinhagen.
16. Ernst Hevermel aus Stralsund.
17. Otto Knäbl „ „
18. Magnus Knup „ „
19. Adolph Laewermann aus Plötnig.
20. Gottlieb Mahnke aus Zanseburr.
21. Wilhelm Müller aus Stralsund.
22. Fritz Martens aus Fallenhagen.
23. Franz Mückenheim aus Stralsund.
24. Walte Müggenburg „ „
25. Otto Wurspiel aus Lüsdow.
26. Gustav Oppermann aus Stralsund.
27. Rudolf Peus „ „
28. Max Polighy „ „
29. Richard Puttkammer aus Wisdroy.
30. Rudolf Plegewitz aus Stralsund.
31. Otto Reimer „ „
32. Ernft Reimer „ „
33. Hermann Raffow „ „
34. Alfred Riedwig „ „
35. Fritz Ristow aus Bergen.
36. Carl Rubarth aus Stralsund.
37. Paul Seifert „ „
38. Otto Schröder „ „
39. Franz Schütt aus Abtshagen.
40. Carl Wiethans aus Stralsund.
41. Otto Wolter „ „
42. Bernhard Züge „ „

**Sexta B.**

1. Ernst Boy aus Scharvitz.
2. Hermann Conrad aus Stralsund.
3. Hugo Ebert „ „
4. Hugo Fint „ „
5. Hermann Grünwalot a. „
6. Carl Hang „ „
7. Alexander Hinrichs „ „
8. Walte Hahn „ „
9. Hans v. Homeyer „ „
10. Max Heth aus Carnin.
11. Reinhard Huebner aus Wittow.
12. Otto Kasten aus Stralsund.
13. Max Meinl „ „
14. Max Müllrer a. „
15. Wilhelm Zandhagen aus Stralsund.
16. Paul Schmurr „ „
17. Carl Schneter aus Neuen-Pleen.
18. Richard Steinbring aus Stralsund.
19. Ernst Sieth „ „
20. Carl Weidemann aus Angenhof a/R.
21. Hans Weygerang aus Stralsund.
22. Georg Witt „ „
23. Max Witte aus Friedrichshof.
24. Gustav Zornke aus Stralsund.
25. Friedrich Zillmer a. „

# Friedrichs des Großen Antimachiavelli.[1]

Jeder Versuch, die Werke Friedrichs des Großen dem deutschen Volke nahe zu führen, muß mit Freuden begrüßt werden. Allzulange haben gewichtige außerdeutsche Stimmen, von nationalem Stolze verleitet oder durch ungenügenden Einblick in die Quellen irregeführt, die schriftstellerische Bedeutung des Preußenkönigs herabzusetzen gewußt; allzulange hat in Deutschland selbst particularistischer Eigendünkel und widerliche Halbwissenheit sich mit Erfolg bemüht, die deutsche, außerhalb Preußens heranwachsende Jugend in gehässiger Geringschätzung und Herabwürdigung des alten Fritz zu erziehen. In ersterer Hinsicht haben die beiden großen englischen Historiker Carlyle und Macaulay arg gefehlt, von denen besonders Ersterer,[2] so begeistert er Friedrich als Mann der That auch feiert, und so meisterhaft, voller Leben und Realität, auch seine Schilderung des Characters und der Persönlichkeit des Königs ist, die schriftstellerische Thätigkeit desselben völlig verachtet und seine Landsleute geradezu vor der Lectüre der Schriften Friedrichs warnt. Als Wortführer der zweiten Classe genügt es den Welfen Onno Klopp[3]) zu erwähnen. Viel Falsches, die schlimmsten Vorurtheile, durch die erwähnten Männer vielfach auf leider zu fruchtbaren Boden gepflanzt, sind auszurotten, um Friedrich dem Großen, der vor mehr als hundert Jahren schon der modernen deutschen Staatsidee durch Schriften und Thaten Bahn gebrochen hat, „die Herzen des ganzen deutschen Volkes nach Gebühr zu gewinnen", und ihm auch als „Manne des geschriebenen Wortes" überall die richtige Stellung zuzuweisen. Die Möglichkeit hierzu wurde gegeben durch die umfassende Sammlung und Ausgabe der Werke Friedrichs des Großen, welche bekanntlich unter Leitung des fleißigen Historiographen Dr. Preuß auf Veranlassung Friedrich Wilhelm des Vierten von der Berliner Academie veranstaltet wurde: ein Prachtwerk von 30 Bänden, das einen Ueberblick wie eine genaue Einsicht in das staunenswerth reiche Material von Schriften gewährt, welches des Königs Arbeitskraft hervorzubringen vermochte. Daraus hat der Historiker erkannt, daß Friedrichs Schriften für seine eigenen Thaten die Hauptquelle bilden, daneben auch manche erhellende Lichtstrahlen [auf

---

[1]) Der eigentliche Titel der Schrift ist: „Réfutation du Prince de Machiavel"; durch Voltaire ist aber der obige der allgemein gültige und bekannte geworden, und darum mit der Kürze Willen auch von uns beibehalten.
[2]) „The history of Friedrich II. of Prussia, called Frederick the Great, by Thom. Carlyle. London 1858 ff. 5 volumes." Volumes I. u. II., erschienen 1858, reichen bis 1740 und enthalten Schilderung der Person und des Characters Friedrichs. Was er am meisten an ihm rühmt, ist die „reality" seines Characters, und daß er nichts besaß „of the hypocrite or phantasm". Dies gerade war es, was er an Friedrich oft bewundert, was auch für ihn der Impuls war, das Leben Friedrichs sorgfältig (er war bekanntlich zu dem Zwecke 1852 längere Zeit in Berlin) zu studiren. So sagt er auch: „How this man officially a king withal, composed himself in the XVIII. century and managed not to be a liar and charlatan, as his century was, deserves to be seen a little by men and kings etc." Macaulay's Urtheil siehe in: „Frederic the Great. Biographical Essays: by Thom. Bab. Macaulay. Leipzig. Tauchnitz. 1857." S. 11 u. 12.
[3]) „Friedrich d. Große". 2. Aufl. 1867.

1

seine Zeit zu werfen vermögen; der Laie aber blickt mit Staunen und Ehrfurcht auf die Fülle von politischen, historischen, philosophischen Abhandlungen, militärischen Schriften, zahlreichen Briefen und poetischen Leistungen, welche dieser arbeitsamste aller Könige bei seiner unermüdlichen Regierungsthätigkeit noch zu verfassen Zeit und Lust gefunden hat, und gewinnt so durch die Lectüre derselben zu dem Bilde, das ihm die Geschichtsbücher von Friedrich bieten, eine willkommene, eine nothwendige Ergänzung.¹) Indessen ist diese Ausgabe, wenn auch äußerst schätzenswerth, doch eben nur ein Anfang. Der Historiker vermißt in ihr Alles, was sich auf die amtliche Thätigkeit des Königs bezieht: es fehlen seine zahlreichen, alle ihm gewiß zugehörigen und von ihm geschriebenen Cabinetsordres, die diplomatische Correspondenz, seine vielen militärischen Reglements; in dieser Hinsicht ist neuerdings zwar Einzelnes bekannt gemacht, unser Verlangen nach einer zusammenhängenden Publikation ist aber dadurch erst recht rege geworden. Ueberdies ist die Ausgabe nicht streng kritisch: Einzelnes darin ist zu berichtigen, Anderes zu vervollständigen, Manches als unecht auszuscheiden. Aber auch für denjenigen, der nicht der selbständigen Forschung, sondern nur des Genusses der Lectüre wegen die erwähnte Sammlung in die Hand nimmt, bietet dieselbe Unbequemlichkeiten, Unvollkommenheiten; denn selbst, wenn es ihm gelungen ist, sich in den Besitz der Ausgabe zu setzen (dieselbe findet sich meist nur in den Universitätsbibliotheken²), und wenn auch ein Verständniß der Sprache, in der Friedrichs Schriften geschrieben sind, erlangt ist: so bedürfen doch viele dieser Schriften, ehe sie dem völligen und richtigen Verständniß des großen gebildeten und halbgebildeten Publikums zugeführt werden können, einer sorgfältigen Erläuterung und verständigen Sichtung durch Männer, welche den Entwicklungsgang des Königs sowie seine Zeit genauer kennen und somit im Stande sind, die Entstehung, die Tendenz, die Bedeutung der einzelnen Werke dem Leser klar zu machen, gleichzeitig aber auch vom Standpunkte der heutigen historischen und politischen Wissenschaft aus an Friedrichs Werken und Gedanken die Kritik zu üben. In dieser Hinsicht läßt sich denn auch in neuerer Zeit auf dem Gebiete der deutschen Wissenschaft in und außer Preußen eine recht erfreuliche Regsamkeit erkennen, ermöglicht und veranlaßt durch die eben erwähnte Sammlung, von allen Berufsclassen mit freudiger Dankbarkeit entgegengenommen. Selbstverständlich legten (und legen) die beiden bedeutendsten deutschen Historiker der Jetztzeit, das Dioskurenpaar Ranke und Droysen, bei ihren epochemachenden Werken über preußische und deutsche Geschichte und Politik⁶) Friedrichs Schriften, indem sie dieselben nach dem archivalischen Material controlliren, als Quelle zu Grunde. Andere, sei es populäre Darsteller oder gründliche Sammler, lassen gleichfalls aus den Schriften des Königs selbst Zug um Zug sein Bild vor uns entstehen, wie Preuß⁷) in mehreren Werken, welche teils als Vorbereitung teils als Ergänzung zu seiner erwähnten Ausgabe anzusehen sind, Förster, Kugler, Eberty u. A.⁸) Noch Andere sind bestrebt gewesen, in Specialabhandlungen und öffentlichen Vorträgen der gebildeten Welt entweder eine Uebersicht über Friedrichs gesammte literarische Thätigkeit zu geben

---

⁴) Die Ausgabe erschien unter dem Titel: „Oeuvres de Frédéric le grand etc. Berlin 1846—57. Rudolph Decker. Tomes 30." und ist ihr Inhalt — wie Boretius rechnet — doppelt so stark wie derjenige der Werke Goethe's in der Ausgabe von 40 Bänden.

⁵) Wir glauben schwerlich, daß sie hier in Stralsund in einer Privatbibliothek anzutreffen ist. Die Rathsbibliothek besitzt dies Prachtwerk, als ein Geschenk unseres Königs, erst seit wenigen Wochen, in Groß Quart Format; augenblicklich noch in Händen des Buchbinders, wird sie später eine wesentliche Lücke der Rathsbibliothek ausfüllen und sicher ein vielbegehrter Gegenstand der Lectüre werden.

⁶) Es kommen hier besonders in Betracht: „Leopold von Ranke's Genesis des preußischen Staates. 4 Bücher preußischer Geschichte. Leipzig 1874" (eine neue Bearbeitung seiner 1847 erschienenen „9 Bücher preußischer Geschichte") und „Gustav Droysen: Geschichte der preußischen Politik", wovon B. XI. 1874 erschienen, in der Zeit Friedrichs des Großen angelangt ist. — Ueber diese scheinbaren Concurrenz Werke, die aber sowohl in den Motiven wie in der Ausführung sehr verschieden sind, vergleiche: „Preußische Jahrbücher, Mai 1874", S. 448 ff.

⁷) „Friedrich der Große eine Lebensgeschichte. 4 B. mit 5 B. Urkunden. Berlin 1832—35"; danach von kleinerem Umfange: „die Lebensgeschichte des großen Königs Fr. v. Preußen in 2 B. Berlin 1834." — „Friedrich der Große als Schriftsteller" u. A.

⁸) Weit entfernt, hier die Gesammt Literatur über Friedrich den Großen geben zu wollen, erwähnen wir nur die Werke welche uns bei unserer Abhandlung hier und da Anregungen gegeben haben.

wie Boretius⁹) —, oder einzelne Schriften zu erklären und zu Friedrichs Regierungsthätigkeit in Beziehung zu setzen und aus ihnen diese oder jene bedeutungsvolle Seite in dem Character und Leben des Königs herzuleiten.¹⁰)

Endlich scheint auch der langgehegte, oftmals unter Anderen auch von Gustav Freitag¹¹) ausgesprochene Wunsch nach einer guten deutschen Uebersetzung von sorgfältig ausgewählten Schriften Friedrichs erfüllt zu werden durch eine seit 3 Jahren in Würzburg begonnene Ausgabe, welche in „deutscher Uebersetzung eine Auswahl der Werke Friedrichs des Großen" bietet. ¹²) Unternommen von dem dortigen Professor Franz H. Wegelé, eingeleitet durch eine Abhandlung desselben, welche die nationale und schriftstellerische Bedeutung Friedrichs mit vollstem Verständniß und freudig anregender Wärme schildert, unterstützt durch die ausgezeichnete Verdeutschung von Heinrich Merkens, will und wird diese Sammlung dem gebildeten und bemittelten deutschen Publikum ein klares Bild Friedrichs aus seinen Worten und Thaten geben. ¹³)

Von gleichem Wunsche beseelt, gedenken wir in dem engen Rahmen eines Schulprogramms wenigstens eine Schrift Friedrichs nach den oben erwähnten wünschenswerthen Gesichtspuncten dem Leser zur Betrachtung vorzulegen: Es ist diejenige, welche von allen Schriften Friedrichs die berühmteste geworden, eine Schrift, deren Einfluß sich von der Zeit ihres Erscheinens an bis auf die Gegenwart erstreckt, wichtig durch ihren Inhalt und ihre Tendenz selbst sowie durch den Mann, der die edlen Gedanken nicht nur niederschrieb sondern während seines ganzen Lebens mit seiner gewichtigen Stimme verfocht und zur allgültigen Anerkennung zu bringen suchte. Sie ist eine Betrachtung wohl werth wegen ihres wahrhaft idealen Gehaltes, sie verdient eine Besprechung wegen ihrer bedeutsamen Folgen. ¹⁴)

---

⁹) „Friedrich der Große in seinen Schriften." Sammlung gemeinverst. Vorträge von Virchow und Holtzendorf. Heft 114.
¹⁰) Preuß. Jahrb. 1871. Heft V. (W. Maurenbrecher). — Zeitschrift für preuß. Gesch. 1871: Januar (Duncker), Februar (Droysen). — Danziger Gymnasialprogramm. 1873. Abhandlung des Director Cauer über „Friedrich d. Gr. als Pädagogen." u. A.
¹¹) Gustav Freitag Bilder aus d. deutschen Vergangenheit. 5. Aufl. B. IV. S. 246. Anmtg.
¹²) Diese schöne Sammlung erscheint in Stuber's Buchhandlung, Würzburg, und soll nach dem Plane der Herausgeber mit 4 Bänden vollendet sein. Bis jetzt sind davon erschienen: B. I. in 2 Heften (von denen das erste eine kritische, durch Anmerkungen und Erläuterungen sehr lesbar gemachte Uebersetzung der „Denkwürdigkeiten zur Geschichte des Hauses Brandenburg" und das zweite die ebenso ausgestaltete Uebersetzung der „Geschichte meiner Zeit" d. h. der beiden schlesischen Kriege umfaßt) und von B. II. Heft 1. Dieser zweite Band wird enthalten die Geschichte des siebenjährigen Krieges und die Denkwürdigkeiten vom Hubertsburger Frieden bis zum Frieden von Teschen. Für B. III. sind bestimmt die noch übrigen jugendlichen Schriften Friedrichs: „die Betrachtungen über den gegenwärtigen Stand des Staaten-Systems in Europa", der „Anti-Machiavel", der „Fürstenspiegel", die Schrift „über Erziehung", die Briefe „über die deutsche Literatur" u. A. Wann aber wird dieser Band im Druck erscheinen? Das Unternehmen schreitet für das sehnsüchtig wartende Publikum allzulangsam vorwärts. B. IV. endlich soll ausgewählte Briefe Friedrichs enthalten.
¹³) Vgl. die Recension in „Grenzboten. 1874. Nr. 34" S. 312—316. — Erwähnt sei auch noch, weil billig und in guter Absicht begonnen, die seit Anfang 1874 in Berlin — Verlag von Siegfried Cronbach — erscheinende „Volksausgabe" im „Schillerformat", welche gleichfalls in deutscher Uebersetzung eine Auswahl der Schriften Friedrichs bietet, aber ohne Erläuterungen, Quellen u. s. w., mit einer recht traurigen Einleitung.
¹⁴) Es hat diese Schrift vom Anfange ihres Erscheinens an fortwährend großes Aufsehen erregt: Sie ist am meisten in Separatausgaben verbreitet worden, ist auch in neuerer Zeit ihrem Inhalt und Werthe nach gelegentlich kurz besprochen worden; sie mußte natürlich stets erwähnt werden, wo vom „Machiavellismus" die Rede war. So — außer bei Preuß „Lebensgeschichte ꝛc. Friedrichs in 2 B." S. 43—45. — bei Boretius a. a. O. S. 35—38. Zweuen „Machiavelli" („Sammlung ꝛc. von Holtzendorf u. Virchow. Heft 19") S. 7. Macaulay, welcher (in der erwähnten Schrift S. 13) es nennt „an adifying homily against rapadity, perfidy, arbitrary government, unjust war, in short, against almost every thing for which its author is now remembered among men — vgl. auch Eberty Gesch. des preuß. Staats II., S. 674—677. Am ausführlichsten ist sie besprochen von Treudelenburg in einer Gedächtnißrede auf Friedrich den Großen in der Academie der Wissenschaften 1858, aufgenommen in: „Kleine Schriften. Theil I. Leipzig 1871" S. 27—53 unter dem Titel: „Machiavell und Antimachiavell". Diese letzte Abhandlung bezweckt aber mehr, zwischen Machiavelli's Buch von Fürsten und Friedrichs „Refutation" eine Parallele zu ziehen, als den Inhalt von Friedrichs Schrift, ihre Entstehung, Bedeutung, Erklärung und Tendenz, sowie ihre Beziehung zu dem Standpuncte der heutigen histor. und staatsrechtlichen Wissenschaft ins Licht zu setzen. Benutzt ist sie natürlich, ebenso wie die anderen oben erwähnten Schriften.

## I. Zeit und Art der Entstehung der Schrift.

Ueber die äußeren Schicksale dieser Schrift, ihre Entstehung und mannigfachen Modificationen genügen einige kurze Bemerkungen. Das „Vorwort", welches Friedrich derselben vorangeschickt hat, enthält Nichts darüber, desto genauer werden wir indessen durch seine Correspondenz mit Voltaire informirt, welche, wie sie alle geistigen Producte dieser beiden größten Männer des 18. Jahrhunderts zum Gegenstande ihrer Erörterung machte, auch das allmähliche Werden dieses Elaborates uns schauen läßt; und zwar befinden wir uns in dem ersten Stadium ihrer Bekanntschaft, ihrer Correspondenz, welches die Jahre 1736—1740 umfaßt;[15]) die Briefe aus dieser Zeit sind gesammelt in B. XXI. der erwähnten „Oeuvres de Frédéric le Grand". Ueberdies ist in dem „Avertissement de l'Éditeur", welches den einzelnen Schriften in der großen Academie-Ausgabe vorangeschickt ist, das Bezügliche kurz zusammengestellt.

Machiavelli's Name findet zuerst zwischen ihnen Erwähnung in einem Briefe Friedrichs vom 31. März 1738, also in jener Zeit, als der Kronprinz Friedrich auf dem Schlosse Rheinsberg bei Neu-Ruppin in behaglicher Ruhe, ungestört seinen Lieblingsneigungen hingegeben, sich practisch und theoretisch auf seinen Herrscherberuf vorbereitete, in jener für seine jugendlich-schriftstellerische Productivität und allseitige geistige Vertiefung unendlich bedeutsamen Zeit, welche zugleich die glücklichsten Tage seiner Jugend, ja wohl die sorglosesten und ruhigsten seines ganzen Lebens umfaßt. Hinter ihm liegen lange Jahre voll schwerer Prüfungen: Die engen Schranken, welche der einseitige und beschränkte Verstand des Vaters dem regen Bildungstriebe des jugendlichen Geistes gezogen; die Züchtigungen und Mißhandlungen, zu welchen die Rohheit wie die Wuth über den „effeminirten" Sohn den Vater oft genug fortgerissen; die einsame Gefängnißzelle, in welche den „Deserteur" der Versuch gebracht, die allzudrückenden Fesseln der Sclaverei zu brechen; das Stadium der religiösen Schwärmerei, ja der Anwandlungen von völliger Schwermuth, veranlaßt durch den Gedanken, durch eigne Schuld den Freund dem Beile des Henkers überliefert zu haben; die schwersten Demüthigungen, die Schrecken des Todes: Alles hat sein kräftiger Geist mit Ergebung getragen und standhaft überwunden; und je innigere Reue und je mehr Unterwürfigkeit er dem Vater zeigt, und je mehr Eifer und practischen Sinn er für die volkswirthschaftlichen und juristischen Beschäftigungen offenbart, welche ihm als Strafe und Probezeit zudictirt sind, desto mehr sehen wir auch den förmlichen Haß des Königs schwinden. Eine zunächst (15. August 1731) rein äußerlich geschlossene, allmählich aber sich immer inniger gestaltende Versöhnung läßt zwar den Sohn keine herzliche Zuneigung, kein kindliches Vertrauen zu dem Vater fassen, aber doch ein äußerlich erträgliches Einvernehmen zwischen Beiden entstehen; und als Friedrich in seiner Unterwürfigkeit sich sogar geduldig die Gemahlin aufdringen läßt (obgleich er sie in Briefen an Grumbkow eine „dumme Person" nennt, „eine Betschwester, die gewöhnlich einen ganzen Schwarm von Augenverdrehern um sich habe"), da lohnt ihm der erfreute Vater (1732) mit der Ernennung zum Chef des Golzischen Infanterie-Regiments (mit dem Garnisonsort Neu-Ruppin) mit Ueberlassung des in der Nähe von Neu-Ruppin gelegenen Schlosses Rheinsberg als Wohnsitz.[16]) Hier verlebte Friedrich nun 4 Jahre (seit 1736) bis zu seiner Thronbesteigung, völlig als Privatmann, seinen Lieblingsneigungen ergeben. Endlich war die Zeit gekommen, wo er nicht mehr durch des Vaters Willen gehemmt und beeinflußt, noch nicht mit dem Drucke der Staatsgeschäfte belastet,[17]) ernsthaft an seiner Bildung arbeiten konnte; denn manche Lücke

---

[15]) Vgl. „Voltaire und Frankreich, ein Versuch von Hermann Grimm". Preuß. Jahrb. 1871 Heft I.
[16]) Das Leben zu Rheinsberg mit seinen ernsten und heitern Beschäftigungen bildet einen angenehmen Abschnitt in Friedrich's Leben. Es ist, als ob das Geschick ihm für seine traurige Jugendzeit Entschädigung vor Antritt seines schweren Amtes noch eine Zeit der Ruhe gewähren wollte. Gern weilt der Blick des Lesers bei der Schilderung jener Tage, und mit behaglicher Breite schildern die Geschichtsschreiber das „Stillleben" zu Rheinsberg. Vgl. speciell: Hemert Beschreibung des Lustschlosses und Rheinsberg's. Berl. 1788. Chazot's Biographie v. Schlözer. Ct. Cauer im deutschen Museum 1861, p. 490 ff. im Allgemeinen: Eberty II., S. 655 ff. — Preuß u. A.
[17]) Von Staatsgeschäften mußte er sich geflissentlich fern halten, da des Königs Mißtrauen und Eifersucht strenge darüber wachte, daß man den „künftigen" Herrscher nicht jetzt schon als Herrscher ansah; vgl. Oeuvres XVI., 97.

— das wußte er — war in seinem Wissen durch die einseitige Erziehung zurückgeblieben, und für den schweren Beruf, der ihm bevorstand, bedurfte es noch sorgfältiger practischer wie theoretischer Vorbildung. So sehen wir ihn denn, während er dem Könige wöchentlich Berichte über Landcultur und über die Führung des Regiments sendet, fleißig die Schriften des griechischen und römischen Alterthums in französischen Uebersetzungen lesen, mit Christian Wolf's Metaphysik (welche ihm der sächsische Gesandte Suhm französisch übersetzt hatte) sich redlich abquälen, aus dickleibigen Bänden von Rollin seine Geschichtskenntniß erweitern, aus Bayle's und Moreri's Dictionnären sich über die höchsten Fragen der Menschheit unterrichten, und dabei unabläſſig schriftliche Stilübungen anstellen, um der französischen Sprache, die er mit ungemeiner Leichtigkeit schrieb, auch die feineren Wendungen und Nüancirungen abzugewinnen. Der ungezwungene Verkehr mit geistreichen Männern und heiteren Genossen sowie die äußerst lebhafte Correspondenz mit den damaligen Koryphäen der Wissenschaft gaben seinem Geiste reiche Nahrung und stets neue Anregung. In dieser Hinsicht ist gerade in jener Zeit Voltaire's Verdienst um Friedrichs geistige Vertiefung ein immenses; Friedrich hat es stets anerkannt, oft in etwas überschwenglichen Worten ausgesprochen.¹⁸) Denn trotz der faden Schmeicheleien, in welchen Voltaire ein Meister war,¹⁹) giebt er über alle wichtigen Fragen der Religion, der Politik, des practischen Lebens, der schönen Literatur und Wissenschaften dem Kronprinzen Belehrung, corrigirt seine literarischen Versuche und spornt ihn durch Schmeicheleien zu weiterer Thätigkeit an; natürlich übersendet er ihm auch seine eigenen Werke zur Beurtheilung. So hatte Friedrich auch im Jahre 1737 Voltaire's Meisterwerk „l'histoire du siècle de Louis XIV." erhalten und war begreiflicherweise entzückt über dies neueste Product seines Freundes; „nur" — bemerkt er in dem oben erwähnten Briefe vom 31. März 1738 — „wollte ich, Sie hätten den Machiavelli, der ein malhonnête homme war, nicht in den Rang der anderen großen Männer seiner Zeit gestellt." Voltaire ging ein auf Friedrich's Ideen, worauf dieser entzückt schrieb (17. Juni 1738): „So ist denn Machiavelli abgesetzt von der Liste der großen Männer, und Ihre Feder bedauert es, sich mit seinem Namen beschmutzt zu haben." Der Gedanke an Machiavelli und den schädlichen Einfluß dieses „monstre" beschäftigt ihn nun unablässig; bisher nur durch Bayle und die damals allgemein herrschende Ansicht über den Machiavellismus im allgemeinen informirt, verschafft er sich aus einer französischen Uebersetzung (Amsterdam 1696 bei Henri Desbordes erschienen) eine genauere Kenntniß von dem „unmoralischsten" Buche Machiavelli's, dem „Il principe", und ist bis zum März 1739 — also beinahe nach Verlauf eines Jahres — zu dem Resultat gekommen, daß er an Voltaire schreiben kann (22. März 1739): „Je médite un ouvrage sur le Prince de Machiavelli." Das Product dieses Meditirens ist die Vollendung der 12 ersten Capitel seiner Widerlegung bis zum December (Brief vom 4. December); die Fortführung geschieht unter beständigen Aenderungen und Umarbeitungen (vgl. den Brief vom 23. März 1739); sie geschieht so langsam, daß der Abschluß erst im April 1740 erfolgt. Am 26. April geht das fertige Werk in einer Abschrift an Voltaire mit einem Begleitschreiben, dessen Schluß es dem „Schmelztiegel" des Philosophen übergiebt: „pour séparer l'or de l'alliage". Der Schmelztiegel arbeitete fleißig, in Briefen vom 5. und 8. August zu neuem Eifer angetrieben, und fand ganz besonders viel Schlacken, die auszuscheiden wären, in der Zeit, als Friedrich's inzwischen erfolgte Thronbesteigung ihm Rücksichten auferlegte, die er als Kronprinz nicht zu nehmen gehabt hätte. Am liebsten hätte Friedrich jetzt das ganze Werk zurückgezogen; doch schon befand es sich in den Händen des Buchhändlers van Düren im Haag und erschien daselbst, sowie

---

¹⁸) „Sehen Sie" — schreibt er an Volt. — „meine Handlungen künftig als die Früchte Ihrer Lehren an; durch diese ist mein Herz genährt worden, und ich habe es mir zum unverbrüchlichsten Gesetz gemacht, sie mein ganzes Leben hindurch zu befolgen." Vgl. auch Brief v. 9. Nov. 1738, überhaupt „Oeuvres etc." B. XXI.

¹⁹) Macaulay — Fred. the Great S. 13 — sagt treffend: "No man ever paid compliments better than Voltaire. His sweetest confectionery had always a delicate, yet stimulating flavour, which was delightful to palates wearied by the coarse preparations of inferior artists. Is was only from his hand that so much sugar could be swallowed without making the swallower sick. Copies of verses, writing-desks, trinkets of amber, were exchanged between the friends. Frederic confided his writings to Voltaire; and Voltaire applauded, as if Frederic had been Racine and Bossuet in one". —

es aus der Redaction Voltaire's hervorgegangen, vielfach verkürzt und beschnitten, im September 1740 unter dem Titel „L'Antimachiavel" ou Examen du Prince de Machiavel, avec des notes etc." Das gewaltige Aufsehen, welches die Schrift verursachte, den ungeheuren Eindruck, welchen die Kühnheit und Freimüthigkeit der Gedanken und der Sprache überall machte, unternahm Voltaire dadurch abzuschwächen, daß er eine eigene Ausgabe veranstaltete, welche noch mehr „adoucie" war,²⁰) und die Treue der van Düren'schen zu verdächtigen suchte. Vergebens: Friedrich, mit beiden Ausgaben unzufrieden, wollte beide in den Zeitungen desavouiren und zugleich selbst eine vollkommene Ausgabe veranstalten lassen. Beides unterblieb; dagegen fand die van Düren'sche immer weitere Verbreitung in neuen Auflagen und Uebersetzungen in die verschiedensten Sprachen. Eine verbesserte van Düren'sche Ausgabe wurde 1789 in der Ausgabe: „Oeuvres de Frédéric, publiées du vivant de l'auteur 1789. Tome II", in Berlin veranstaltet, öffentliches Eigenthum. Sie wurde dann auch in der großen Academie-Ausgabe mit abgedruckt; doch begnügten sich die Veranstalter dieser Sammlung nicht mit dieser immerhin nicht ganz reinen Quelle, sondern suchten nach dem Manuscript des Königs selbst, fanden auch glücklich, theils in den Königlichen Archiven, theils in dem Besitze des M. Benoni Friedländer, die einzelnen Capitel — bis auf Cap. II —, und ließen sie genau und vollständig, ohne jede Aenderung selbst der sprachlichen Fehler, in ihrer großen Ausgabe abdrucken, und zwar unter dem von Friedrich selbst gegebenen Titel: „Réfutation du Prince de Machiavel". Daß dies keine verlorene Mühe war, zeigt schon eine äußerliche Vergleichung der beiden Abdrücke: Ersterer umfaßt nur 100 Seiten gegenüber den 136 Seiten der Originalarbeit Friedrichs und zeigt somit klar, in welchem Umfang Voltaire seinen Schmelztiegel hatte arbeiten lassen, folgend der Aufforderung seines Freundes vom 8. August 1740: „Rayez, changez, corrigez et remplacez tous les endroits qu'il vous plaidra. Je m'en remets à votre discernement". Selbstverständlich dient unserer Betrachtung das Original als Grundlage, indem wir nur das verlorene Capitel II. nach Voltaire's Redaction ergänzen.

Doch was — so fragen wir — bringt Friedrich so gegen Machiavelli in Harnisch? Warum widmet er der Betrachtung der Lehren dieses Florentiners solchen Ernst, warum der Abfassung dieser Schrift einen Eifer und eine Sorgfalt, wie er bei keiner andern Schrift gethan? Die Antwort auf diese Fragen finden wir in dem erwähnten Briefwechsel angedeutet; klar ausgesprochen ist sie in dem vorangeschickten „Avant-Propos"; Ergänzendes liegt hier und da in dem Werke selbst (besonders in den Capp. XV. und XXVI.) zerstreut. Einmal veranlaßten ihn zu eingehender Beschäftigung mit Machiavelli's „Principe": der verführerische Reiz, welcher in den darin vorgetragenen Maximen liegt, und der schädliche Einfluß, welchen dieselben seit dem Erscheinen des Buches — es wurde 1515 zum ersten Male gedruckt — bis auf Friedrich's Zeit ganz offenbar auf die Moral der Privatleute wie auf die Staatskunst der Fürsten ununterbrochen ausgeübt hatte. Galt doch Machiavelli's „Fürst" — freilich völlig gegen die Absicht des Verfassers, wie wir im Voraus kurz bemerken wollen — Jahrhunderte lang als „Katechismus der Regierungskunst für große und kleine Tyrannen, für Minister und Diplomaten";²¹) hatte man doch aus demselben das Dogma hergeleitet, daß Befriedigung der schnödesten Selbstsucht der Fürsten, Steigerung ihrer Macht und Befriedigung ihres Ehrgeizes einziges und letztes Princip der Staatskunst sei, zu dem alle Mittel gut seien: ein Dogma, das Richelieu und Fleury als seine Hauptvertreter gefunden hatte, von den andern Cabineten aber nur zu willig acceptirt war. Diesem gefährlichen Einfluß, welchen Machiavelli's einschmeichelnde Maxime auf die Fürsten ausgeübt hätten und noch ausübten, sei auf jede Weise entgegenzutreten — meint Friedrich; gegen das Gift, welches sie in sich bergen, sei die Menschheit und die Menschlichkeit zu schützen; abgesehen von einigen Moralisten, die Machiavelli's Buch nur obenhin berührt (harcelé) hätten, habe es sich maugefochten dem Lehrstuhle der Politik bis auf seine Zeit gehalten. — Außerdem fand sich Friedrich auch in seiner Fürstenehre beleidigt durch das „Monstra von Fürsten", welche Machiavelli

---

²⁰) Titel: „Antimachiavel ou Essai de Critique sur le prince de Machiavel, publié par Mr. de Voltaire. A Copenhagne, aux dépens de Jaques Preuss. 1740." Voran geht eine „Préface" Voltaire's und eine „Préface" von Amelot de la Houssaye. In der Ausgabe selbst steht links der franz. Text von Machiavelli's Buch und rechts die Schrift Friedrich's; unten erklärende Noten von Voltaire.

²¹) S. Beretius a. a. O. S. 37.

in seinem Buche als characteristisch für den ganzen Fürstenstand hinstelle. Es trage allerdings einen „Schein von Wahrheit" an sich — führt er aus —, daß Machiavelli — wie Manche zu seiner Vertheidigung anführen — nicht sowohl darstelle, was die Fürsten thun sollen, sondern was sie thun; dieser Schein von Wahrheit gewinne noch an Wahrscheinlichkeit durch die vielen Beispiele schlechter Fürsten, welche Machiavelli aus seiner Zeit, von den kleinen italienischen Fürsten allerdings mit Recht anführen könne. Trotzdem sei es keine Wahrheit. In vielen Familien gebe es neben gut gestalteten auch verkrüppelte Kinder: warum sollen sich unter den Fürsten nicht auch Ungeheuer finden, welche sogar den guten an Zahl überlegen sein können eben der „Verführung" willen, die am Throne haftet! „Es ist eine schreiende Ungerechtigkeit", schließt er, „einem ganzen Stande zuzurechnen, was nur für einige seiner Glieder paßt". Daß Alexander VI. und Caesar Borgia, Tiberius und Caligula ihm bei seiner einstigen Regententhätigkeit als Ideale gelten sollen, mußte ihn freilich indigniren und ihm Veranlassung genug sein, mit der Feder in der Hand sich und der Welt Aufklärung zu verschaffen. So schreibt er denn für sich, um sich klar zu werden über die Grundsätze, welche ihn später als König leiten sollen; er schreibt für die Welt, um ihr bessere Muster von Fürsten, edlere Maxime der Politik vorzuführen; er will einmal jenen verführerischen, gefährlichen, ansteckenden Lehren Machiavelli's die Spitze abbrechen, indem er sie in ihrer Unhaltbarkeit zeigt, demgegenüber aber zugleich „die wahrhafte Politik der Könige" darstellen, indem er an Stelle der Ungeheuer, welche Machiavelli vorführt, Beispiele von Fürsten setzt, welche würdig dieses „heiligen" Namens sind. Während daher jede Widerlegung — Capitel für Capitel, Schritt für Schritt — das Buch Machiavelli's begleitet, „damit man das Gegengift unmittelbar neben dem Gifte findet", erhebt sich gleichzeitig auf diesen Negationen des Machiavellismus allmählich vor unseren Augen das stolze Gebäude einer idealen Monarchie, setzt sich Zug um Zug das edle Bild eines idealen Fürsten zusammen, entsteht ein Kunstwerk, welches man immer wieder und wieder gern betrachtet.

Ueber die Methode einer solchen schrittweise den Gegner begleitenden Widerlegung sei hier kurz bemerkt, daß sie zwar eine gründlichere Widerlegung ermöglicht, aber zugleich die Selbständigkeit der eigenen Bewegungen hemmt: Während man unverwandt auf die Einzelheiten des Gegners schaut, verliert man leicht das Ganze, das System desselben aus den Augen und kann auch für das eigene System keinen sicheren Boden gewinnen.[22]) — Noch weniger rathsam erscheint es für unsere Betrachtung, capitelweise Friedrich's Buch zu durchmustern: Wir würden uns in weite Einzelheiten verlieren und doch oder vielmehr eben deshalb kein klares Bild von der Schrift selbst und ein wahres Zerrbild von Machiavelli's „Fürst" gewinnen. Vielmehr erscheint es zweckmäßig, die Durchführung der beiden erwähnten Zwecke, welche Friedrich im Auge hatte, gesondert zu betrachten — dem Buche wird damit keine Gewalt angethan —, und zuerst aus den einzelnen Zügen, welche sich in den Capiteln hier und da hingeworfen finden, ein Gesammtbild des Fürsten darzustellen, sowie es Friedrich unstreitig vorgeschwebt hat und wie es dem aufmerksamen Leser klar vor die Augen tritt, und sodann auf die Kritik einzugehen, welche Friedrich an seinem Gegner übt. —

## II. Ein Fürstenideal und die Zeit, für welche es hingestellt wurde.

Den Inbegriff der ganzen politischen Abhandlung bietet uns sogleich das erste Capitel; es ist, wie Friedrich sagt, „comme un pivot, lur lequel rouleront mes réflexions". Der Ursprung des Fürsten, seine Bestimmung, seine Eigenschaften werden kurz angedeutet, die Ausführung liegt in den anderen Capiteln zerstreut.

Die Gründe — so lauten Friedrich's Betrachtungen —, welche freie Völker veranlaßt haben, sich Herren zu geben, wurzeln in der Absicht, zu ihrem Schutze, um ihrer Ruhe und Erhaltung Willen Richter, Beschützer, „Souveräne" zu haben: Richter, um ihre Differenzen zu schlichten; Beschützer, um sich gegen ihre Feinde im Besitze der Güter zu behaupten; höchste Herren, um alle ihre verschiedenen Interessen zu einem

[22]) Trendelenburg in der erwähnten Schrift weist besonders auf diese Mängel der „Réfutation" Friedrich's hin.

einzigen gemeinsamen vereinigen zu können. Es war und ist natürlich, daß sie dazu die befähigtesten wählten und wählen, d. h. die weisesten, gerechtesten, unparteiischsten, die humansten, endlich die tapfersten. — Einer solchen Absicht der Völker, diesem historischen Ursprunge der Fürsten Institution läuft natürlich die gewaltsame Besitzergreifung des Thrones, die „Usurpation", schnurstracks zuwider. Wie der Eroberung überhaupt nur bedingtes Recht zugeschrieben werden kann, so muß der Usurpation jede Berechtigung abgesprochen werden. Friedrich rechnet daher auch gar nicht mit den Usurpatoren und berührt sie nur ebenhin — da (S. 172), wo er gegen die Eroberungslust solcher Menschen, welche eben nur aus Ehrgeiz oder Ruhmsucht erobern, die Gründe der Moral und der Klugheit ins Treffen führt.²²) Ebenso vorübergehend und nur gelegentlich — um diesen Punct sogleich hier zu berühren — erwähnt er der republikanischen Staatsform.²¹) Es hängt dies überhaupt mit dem Standpunct zusammen, welchen er den einzelnen Regierungsformen gegenüber einnahm. Hier, wie in seinen anderen Schriften ziemlich oft, zeigt er eine unverhohlene Vorliebe für die republikanische Staatsform: Sie allein findet ja ihre Begründung in dem Wesen des Menschen, in dem allen lebenden Wesen innewohnenden „Geist der Unabhängigkeit und des Selbstvertrauens";²³) sie bringt die Menschen, weil sie eine „Art Gleichheit unter ihren Gliedern" herbeiführt, dem Naturzustande wieder näher; kurz sie erscheint als die beste, wo es sich um eine ideale Betrachtung handelt. Doch hat die Erfahrung gezeigt, daß die Republiken nicht lebensfähig sind, daß sie, wenn einige auch ziemlich langen Bestand gehabt haben, doch schließlich Alle dem Despotismus verfallen. Es sind eben der Gefahren zu viele, die ihrer Freiheit drohen²⁶): „l'ambition des Grands qu'elle nourrit dans son grein", „les séductions, les sourdes pratiques de ses Voisins", „la corruption de ses Membres" . . . ., dann Bürgerkriege — für eine Monarchie von traurigen Folgen, für einen Freistaat eine geradezu tödtliche Krankheit. Die Republik wird endlich in Fesseln geschlagen von der Kühnheit eines Bürgers oder durch die Waffen ihrer Feinde: Athen (Alexander), Rom (Caesar), England (Cromwell) zeigen dies Schauspiel, das schließlich jede Republik uns zeigen wird.²⁷) Darum verdient vor dieser zwar vom idealen Standpunct aus vollkommeneren, doch practisch nicht lebensfähigen Staatsform entschieden die monarchische den Vorzug: Zwar dem angebornen Hang des Menschen nach Ungebundenheit und Freiheit nicht entsprechend und darum weit weniger vollkommen, ist sie doch wegen ihres unbestreitbar großen, practischen Nutzens von den Völkern eingeführt und durch die Erfahrung hinlänglich bewährt. An ihrer Spitze steht ein Fürst, welcher entweder durch Erbfolge oder durch freie Wahl des Volkes oder durch einen gerechten Eroberungs-

---

²²) Und zwar mit den Hülfstruppen äußerst starker Ausdrücke. Während er die „Eroberung aus Nothwendigkeit" allein als berechtigt anerkennt, verurtheilt er die Eroberer „par tempérament" als „Diebe und Wegelagerer", die sich weder Ruhm noch Glückseligkeit erwerben. „Die Tapferkeit und Geschicklichkeit" — heißt es S. 194 — „finden sich gleichmäßig bei den Wegelagerern (voleurs de grand chemin) als bei den Helden; der Unterschied zwischen ihnen ist, daß der Eroberer ein voleur illustre ist, der wegen der Größe seiner Handlungen blendet und durch seine Macht Respect einflößt, während der gemeine Dieb ein obscurer Schurke ist, den man um so mehr verachtet, je verworrener er ist; der eine erhält Lorbeeren als Preis seiner Gewaltthätigkeiten, den Andern verurtheilt man zum Tode." Die Klugheit ebenso wie die Moral verbieten — S. 199 — die abscheuliche Politik solcher Tyrannen, „welche auf der Welt nur sich sehen und alle Pflichten der Gerechtigkeit und Humanität verletzen, um dem wilden Strom ihrer Launen und Ausschweifungen zu folgen".
²¹) Trotz seiner oft ausgesprochenen Vorliebe für Republiken hat er doch stets bei politischen Betrachtungen und practischen Rathschlägen die monarchische Staatsform im Auge. Selbst in der 40 Jahre später erschienenen Schrift (vom Jahre 1777): Essai sur les formes du gouvernement, deren Titel doch die Betrachtung mehrerer Regierungsformen erwarten läßt, wird von der Republik gar nicht gesprochen, sondern nur von dem absoluten, durch die Gesetze beschränkten Fürstenthume.
²³) Oeuvres IX., 202 ff.
²⁶) Réfut. de Mach. S. 203—204.
²⁷) Diesem unzweifelhaft richtigen Räsonnement Friedrich's können wir weder den mehrhundertjährigen Bestand der freien Schweiz noch nach Friedrich's Zeit entstandenen Bund der „Vereinigten Staaten" entgegenhalten: jenen nicht, da Friedrich sich — wie er oft, unter Anderm in der Einleitung zu seiner „Histoire de mon temps" äußert — die damaligen Schweizer Republiken als „schöne patriarchalische Idyllen vorstellt, welche selbst gar nicht als Staaten gelten und in Rechnung gebracht werden wollen." Vgl. Boretius a. a. O. S. 40. — Daß aber die vielsternigen „Etats Unis" ein durchweg gesundes Staatssystem repräsentiren und als unbestrittenes Ideal einer Staatsform gelten können, wird kein Verständiger behaupten.

krieg Herrscher geworden ist. — Diese — S. 169 — gegebene Dreitheilung wird jedoch von Friedrich im Weiteren nicht festgehalten, sondern es werden — wie auch meist zutreffend — alle drei Fürsten stets im gemeinsamen Rahmen der Monarchie betrachtet, mit augenscheinlicher Bevorzugung des Erbfürsten. Nur einmal (S. 188) hebt er jenen Fürsten — man weiß nicht, ob den an zweiter oder dritter Stelle erwähnten — besonders hervor, welchen „ein unterdrücktes Volk zu seinem Befreier erwählt hat", und verlangt von ihm eine äußerst erhabene Auffassung seines Berufes: „Sein Ruhm würde den Gipfelpunkt erreichen, wenn er dem Volke die Freiheit wiedergäbe, nachdem er es gerettet." „Doch" — setzt er selbst zur Mäßigung hinzu — „malen wir die Menschen nicht nach den Helden Corneille's; begnügen wir uns mit denen von Racine, und dies ist noch viel!"

Als Ziel der Herrschaft ergiebt sich, gemäß dem historischen Ursprung des Fürsten, für alle 3 erwähnte Species gleichmäßig, immer das nämliche: Nicht sein eigenes Interesse, seine Machtentfaltung, Befriedigung seiner Neigungen und Leidenschaften darf er erstreben; der Staat kann nicht Privateigenthum des Fürsten sein, die Völker nicht Werkzeuge seiner Leidenschaften sein; sondern das Glück und die Wohlfahrt des Volkes ist das Ziel, das er wie jeder Einzelne unabläßig verfolgen, das letzte Maß, nach dem Jeder seine Handlungen messen soll: jeder Einzelne nach seinen Kräften, der Fürst im höchsten Maße; denn er ist — so lauten die hier zum ersten Male ausgesprochenen, später oft von ihm wiederholten, überall mit freudigem Nachhall vernommenen Worte — der erste Diener des Volkes, das größte Werkzeug seines Glückes. Das Glück des Volkes zu schaffen, zu erhalten, zu mehren: das ist seine Aufgabe. — Nun ist zwar die Selbstsucht jedem Menschen eigen, und auch der Fürst ist nicht frei von ihr; nur muß er sie dem Ganzen, den Begriffen des Staates und des Rechtes, des öffentlichen Eigenthums, des Gemeinwohls unterordnen. Der Fürst darf darum Ehrgeiz besitzen, nur darf derselbe ihn nicht zum blutgierigen Eroberer machen; er darf von Ruhmesliebe[28]) erfüllt sein, nur darf er seinen Ruhm nicht suchen in großen, die Welt mit ihrem Getöse erfüllenden, durch äußeren Glanz blendenden Kriegen, in eitler Vergrößerungssucht; sondern er muß Beide dem Wohle des Staates dienstbar machen. Zu solchem Zwecke, im Dienste des Volkes verwandt, wird der Eigennutz eine Tugend. — Der Inbegriff aller Tugenden ist also ein strenges Pflichtgefühl, welches so vollständig den Fürsten beherrschen muß, daß er dem Staate nicht nur seine Neigungen, seine Kräfte, sondern selbst sein Leben, seine Ehre zu opfern bereit ist.[29])

Ist er selbst von einem solchen energischen Pflichtgefühl durchdrungen, dann — aber nur dann — wird er jene Grundüberzeugung, daß das Interesse das Ganzen das maßgebende sei, welchem alle Sonderinteressen unterzuordnen seien, auch in seinem Volke wecken und befestigen, wird auch dies mit gleichem Pflichtgefühl erfüllen können. — Diese pädagogische Wirksamkeit des Fürsten gründet sich auf eine Ueberzeugung, welche auch sonst in Friedrichs Schriften ausgesprochen ist[30]): daß der Mensch, zwar mit bösem Eigenwillen erfüllt, doch durch geeignete Mittel zur Brechung dieses Willens und zu allem Guten gebracht werden könne. „Man kann aus dem Menschen eben Alles machen, was man will", Gutes wie Böses. Die Erziehungsmittel zum Guten besitzt der Herrscher nun in so reicher Fülle, wie kein anderer Pädagoge: Sie wurzeln in kluger Benutzung der Selbstsucht, und sind Belohnung so gut wie Bestrafung; Güte und Milde ebenso wie Härte und Grausamkeit; Liebe und Furcht: jedes an seinem Platze! In jedem Falle aber das richtige Mittel herauszufinden, das lehren ihn die „Cardinaltugenden": die Weisheit und die Gerechtigkeit d. h. die stetige und alleinige Rücksichtnahme auf das Staatswohl. Im Allgemeinen — so lauten in dieser Hinsicht Friedrichs Ausführungen, alle klug und verständig, dabei stets edel und gut — im Allgemeinen kommt der Fürst mit Liebe und Güte weiter als mit Strenge; selbst die Disciplin des Heeres, welche ohne

---

[28]) Friedrich gesteht zum Oefteren, daß er selbst Anfangs zu seinen Thaten durch lebhaften Ehrgeiz und Ruhmesliebe getrieben sei: so bef. in der „Histoire de mon temps". Die Ruhmesliebe nennt er darin geradezu den wahren Grund aller heroischen Thaten, den Nerv der Seele, welcher diese aus ihrer Lethargie erwecke.

[29]) Wir werden weiter unten sehen, wie Friedrich diesen Grundsatz während seines Lebens bis zur äußersten Consequenz festgehalten hat.

[30]) Oeuvres IX., S. 123.

Strenge nicht aufrecht zu halten ist, muß mit weiser Mäßigung gehandhabt werden. Je größer und weniger beschränkt die Macht des Fürsten über Leben und Tod seiner Unterthanen ist, desto mehr Umsicht, Klugheit und Weisheit ist nöthig, um sie nicht zu mißbrauchen. „Das kostbarste Gut in den Händen der Fürsten ist das Leben ihrer Unterthanen" (S. 241). „Die guten Fürsten betrachten diese unbeschränkte Macht als die schwerste Last in ihrer Krone; nur in der schwersten Noth werden sie das Leben ihrer Unterthanen antasten..." Kappt doch ein geschickter Pilot erst den Mast, wenn die äußerste Noth im Sturm und Unwetter ihn zwingt (S. 242). „Es wäre somit zu wünschen" — so schließt Cap. XVII., „daß die Fürsten, zum Heile der Welt" gut wären ohne allzu nachsichtig zu sein, damit ihre Güte immer eine Tugend und niemals eine Schwäche wäre". — Wo der Fürst strafen muß, da bleibe die Strafe hinter dem Vergehen zurück; wo er belohnt, da stehe die Belohnung über dem Verdienste (S. 267)[1]. Durch diese Mittel gewöhnt er seine Unterthanen an das Gute und schreckt sie vom Schlechten zurück, weckt und belebt ihr Ehrgefühl, mehrt ihre Thatkraft. Noch mehr wirkt er durch sein eigenes Beispiel. Daher muß er auch selbst der Heerführer sein (S. 217); er muß „ein erhabenes Beispiel geben von Verachtung der Gefahren, selbst des Todes, wenn die Ehre, die Pflicht es verlangen" (S. 218). — Endlich — als letztes Erziehungsmittel — muß er die Religion anwenden. Ihre Macht auf die Herzen der Menschen ist ja gewaltig, und die wahre Religion ist „die reinste Quelle aller unserer Güter" (S. 213). Leicht aber kann ihre Gewalt auch mißbraucht werden: dann wird sie Ursprung und Quelle der schlimmsten Verbrechen. Leider haben ja oft genug die geistlichen Fürsten diesen argen Mißbrauch mit ihrer Macht getrieben. Sie wissen nur zu wohl — sagt Friedrich[2] —, „daß die Religion eine bewährte Maschine ist, die man niemals abnutzt, eine Maschine, der man sich zu allen Zeiten bedient hat, um sich der Treue der Völker zu vergewissern, und um der Unlenksamkeit der menschlichen Vernunft einen Zügel anzulegen; sie wissen, daß der Irrthum die scharfsinnigsten Menschen verblenden kann, und daß Nichts mehr Triumphe feiert, als die Politik derer, welche Himmel und Hölle, Gott und die Dämonen zur Durchführung ihrer Absichten in Thätigkeit setzen." Je mächtiger also der Aberglaube und der Fanatismus auf das menschliche Gemüth einzuwirken vermögen, und je leichter es ist, diese „höllischen" Mächte im Dienste für eigene Zwecke zu verwenden, desto ernster muß sich ein edler Fürst vor einem derartigen Mißbrauch hüten. Religiösen Fanatismus muß er gänzlich aus dem Spiele lassen. Die Politik des Souveräns — heißt es S. 266 — verlangt, daß er an dem Glauben seines Volkes nicht rüttelt, und daß er die Geistlichkeit seiner Staaten ebenso wie seine Unterthanen mit dem Geiste der Sanftmuth und Duldsamkeit erfüllt. Diese Politik entspricht nicht nur dem Sinne des Evangeliums, sondern liegt auch in dem eigenen Interesse der Fürsten, da diese, wenn sie falschen Eifer und den Fanatismus in ihren Staaten ausrotten, die am meisten zu fürchtende Klippe entfernen; denn die Treue und der gute Wille des gemeinen Mannes vermögen nicht Stand zu halten gegenüber der „fureur" der Religion und dem Fanatismus, „welcher den Himmel selbst den Mördern als Preis ihrer Verbrechen aufschließt und die Palme der Märtyrer als Belohnung für ihre Todesqual verspricht". „Ein Souverän kann also nicht genug Verachtung gegen die frivolen Streitigkeiten der Priester zeigen, welche eigentlich nur Wortstreitigkeiten sind; andrerseits muß auch seine Aufmerksamkeit fortwährend auf die Ausrottung des Aberglaubens und der aus ihm entspringenden „fureurs" gerichtet sein" (S. 267). — Im XXVI. Cap., wo über das Verwerfliche der Religionskriege eingehender gehandelt wird, finden wir im „Antimachiavel" d. h. in der aus Voltaire's Redaction hervorgegangenen Schrift einige bemerkenswerthe Stellen hinzugesetzt, namentlich eine, welche, wenn auch wohl aus Voltaire's Feder geflossen, doch ganz Friedrichs Ansichten über die Stellung des

---

[1] Aehnlich heißt es auch S. 274: „Il me semble qu'un prince ne saurait assez récompenser la fidélité de ceux qui le servent avec zèle; il y a un certain sentiment de justice en nous, qui nous pousse à la reconnaissance, et qu'il faut suivre. Mais d'ailleurs les intérêts des Grands demandent absolument qu'ils récompensent avec autant de générosité, qu'ils punissent avec clémence; car les ministres, qui s'apperçoivent que la vertu sera l'instrument de leur fortune, . . . . préféreront naturellement ses bienfaits de leur maitre aux corruptions étrangères. — La voie de la justice et la sagesse du monde s'accordent donc parfaitement sur ce sujet etc." p. 275

[2] Hierüber handelt er ausführlich S. 211—214.

Fürsten zur Religion ausspricht und darum hier erwähnt sei. „Das Civilregiment" — heißt es daselbst S. 160 — „mit Strenge aufrecht halten, Jedem aber Gewissensfreiheit lassen, immer König sein und niemals den Priester machen, ist das sicherste Mittel, den Staat vor jenen Unwettern zu schützen, welche der dogmatische Geist der Pfaffen fortwährend zu erregen sucht". Und diejenigen — lauten Friedrichs Worte weiter S. 297 — kann man nicht genug verdammen, welche . . . . . „durch eine gottesschänderische Ruchlosigkeit aus dem höchsten Wesen den Schildträger ihres verruchten Ehrgeizes machen." — Wir haben diesen Punct mit größerer Ausführlichkeit behandelt und besonders Friedrichs eigene Worte zusammengestellt, weil wir schon hierin den Schlüssel zu Friedrichs späterer Stellung zur Religion überhaupt und zu den Confessionen seines Staates finden. Wir sehen einmal, wie er, ausgehend von einer überall zu übenden Gerechtigkeit und Unparteilichkeit, auch den Confessionen gleiche Berechtigung zurtheilt haben will; wir sehen ihn ferner noch auf dem Boden der christlichen Kirche, des Evangeliums stehen, zugleich jedoch, indem er die Religion nur um ihrer Nützlichkeit oder unbedingten Nothwendigkeit Willen für den Staat anerkennt, diese Religion sich verflachen und in einen allgemeinen Deismus, ja in die Voltaire'sche Vernunftreligion auslaufen.[32]) Man lese nur seinen Ausspruch (S. 205): „die Tugend sollte das einzige Motiv unserer Handlungen sein, car qui dit la vertu dit la raison: dies sind untrennbare Dinge und werden es immer sein, wenn man consequent bleiben will; laßt uns also vernünftig sein; denn nur das Bißchen Vernunft unterscheidet uns von den wilden Thieren, und nur la bonté nähert uns wieder jenem unendlich guten Wesen, dem wir Alle unser Dasein verdanken" —; man vergleiche damit einen dem Kaiser Marc Aurel in den Mund gelegten Ausspruch: „Ein König, welchen die Gerechtigkeit leitet, hat das Weltall zu seinem Tempel, und die guten Menschen sind die Priester und Opferer desselben", ein Citat, das Friedrichs volle Billigung und Bewunderung gefunden hat (Schluß von Cap. XXI.): dann erkennt man leicht Christian Wolff's begeisterten Anhänger, der sich gern in die Betrachtungen des Weltganzen, der Zweckmäßigkeit der Welt und in den unermeßlichen Gedanken Gottes verliert.

Auch der tüchtigste Regent — so schreitet in Friedrichs Sinne unsere Betrachtung fort — vermag nicht Alles selbst auszuführen; er bedarf erfahrener Rathgeber und geschickter, von gleichem Pflichtgefühl erfüllter Diener. Geführung seiner Autokratie hat er dadurch nicht zu befürchten; denn wenn der Fürst, wie Friedrich von seinem autokratischen Standpunct entschieden verlangt, Alles mit eigenen Augen sieht und selbst lenkt und regiert, wenn er „die Seele seiner Staaten" ist: dann sind die Diener nur „Werkzeuge in den Händen dieses weisen und geschickten Herrn". Beklagenswerth freilich wäre er, wenn er sich willenlos leiten ließe von den Ministern, die einmal Gewalt über ihn erlangt haben; denn dann ist er „das Organ seiner Minister"; er dient zu weiter nichts, als höchstens „in den Augen des Volkes das eitle Phantom der königlichen Majestät zu repräsentiren", und seine Person erscheint dem Staate ebenso unnöthig als die des Ministers nothwendig ist (S. 273). — Die richtige Wahl der Persönlichkeit erfordert eine nicht geringe Sorgfalt, eine eminente Menschenkenntniß[31]): Ueber Genie und Capacität zu urtheilen, vermag ein geistvoller Fürst ohne große Mühe; fast unmöglich aber ist es für ihn, den Character ihrer zu ergründen, welche er in den Dienste des Staates verwenden will. Denn „die Könige sehen die Menschen nie sie sind, sondern so wie sie scheinen wollen" (S. 273). Ein Mensch in der Messe, ein Höfling am Hofe giebt sich anders, als der Freundeskreis ihn sieht. Die Maske der gewöhnlichen Verstellung, hinter welcher die Umgebung des Fürsten ihr wahres Antlitz stets verbirgt, wird undurchdringlich, wenn das Interesse, der Ehrgeiz sich dazu gesellen. „Die Habgier des Höflings vermehrt seine emsigen Dienste gegen den Fürsten und läßt ihn auf sich selbst nur desto aufmerksamer achten; alle Verführungskünste, welche sein Verstand auffinden kann, wendet er an, um sich angenehm zu machen: Er schmeichelt dem Fürsten, er geht auf seine Liebhabereien ein, er billigt seine Leidenschaften; c'est un caméléon, qui prend toutes les couleurs qu'il réfléchit" (S. 275). Wehe dem Fürsten, über welchen die Schmeichelei

---

[32]) Vgl. Bereuius a. a. O. S. 48—51.
[31]) Friedrich widmet der Betrachtung über die Wahl der Minister und über die Behandlung der nächsten Umgebung der Fürsten das ganze Cap. XXVI.: durchweg geistvolle Gedanken, jedes Wort eines Königs würdig!

Macht hat! Sie ist bei dem lasterhaften Fürsten ein tödtliches Gift, das den Samen ihrer Verdorbenheit tausendfältig ausstreut; sie ist für den guten Fürsten ein Rost, der sich seinem Ruhme ansetzt und seinen Glanz verdunkelt: nicht jene plumpe Schmeichelei, welche ihm mit ungeschickter Hand das Rauchfaß gerade ins Gesicht hält -- diese verabscheut jeder geistvolle Mensch , sondern jene einschmeichelnde sophistische Art, welche Alles, was an einem Gegenstande schlecht ist, vermindert und abschwächt und die sinnlosesten Leidenschaften mit Entschuldigungsgründen versorgt, der Grausamkeit den Character der Gerechtigkeit verleiht und die Ausschweifungen mit dem Schleier des Vergnügens, der Unterhaltung bedecken will. Dieser Schmeichelei sollen die meisten Menschen zum Opfer; der Fürst muß auch über sie siegen, und er wird es, wenn er mit sicherer Hand „die Sonde bis auf den Grund seiner Wunden führt und die Entschlossenheit besitzt zu sagen: „Du hast Fehler, die Du ablegen, verbessern mußt"! In der That, sagt Friedrich mit Hochgefühl (S. 277), giebt es Fürsten „von einer so mannhaften Tugend, daß sie auch diese Art von Schmeichelei verachten; sie haben Scharfblick genug, um die giftige Schlange, welche unter den Blumen versteckt kriecht, zu entdecken; und, geborne Feinde der Lüge, dulden sie dieselbe auch nicht einmal an dem, was ihrer Eigenliebe gefallen kann und am meisten ihrer Eitelkeit schmeichelt".

Wenn also der Fürst Schmeichelei und Verstellung von sich weist, doch der Wahrheit stets sein Ohr offen hält, wenn er ohne Mühe Genie und Capacität seiner „ministres" (in dem vielseitigen Sinne) zu beurtheilen, den Character der ihm Nahenden zu durchschauen vermag, wenn er nur wahres Verdienst belohnt und reichlich belohnt, das Vergehen mit Milde straft und die Saumseligen anspornt, kurz wenn er alle obengenannten Erziehungsmittel, im Verein mit pflichttreuen Dienern, mit Weisheit und Gerechtigkeit anwendet, stets sich und alle Glieder des Staates auf dasselbe Ziel, das staatliche Gemeinwesen hinweisend: dann steht sein Thron sicher auf den stärksten Stützen, auf der Ehrfurcht und Liebe seines Volkes (S. 263, 262); dann hat er ein Volk, welches von staatlichem Bewußtsein erfüllt, gehorsam und willig seinem Fürsten bei allen Unternehmungen folgt, in Glück und Unglück treu zu ihm hält. Nun hat er Hülfe bei seinen ferneren Unternehmungen, welche nach Innen und Außen hin die Sicherung resp. Erhöhung der Wohlfahrt des Landes bezwecken.

Die Thätigkeit im Innern, welche auf die Hebung der Kräfte des Fürstenthums gerichtet ist, die „activité": sie ist es, welche den Fürsten weit größer, das Land weit blühender macht als gewaltige Eroberungen. Denn die Macht und Stärke eines Staates besteht nicht sowohl in der weiten Ausdehnung der zugehörigen Länder, in dem Besitze einer weiten Einöde oder unendlichen Wüste, als in dem Reichthum und in der Anzahl seiner Bewohner (S. 182 ff.). Darum sei das Ziel des Fürsten, sein Land zu bevölkern und blühend zu machen. Die Mittel sind: kluger Haushalt der Finanzen, Hebung von Kunst, Wissenschaft und Gewerbe, kräftige militärische Zucht. Im ersten und dritten Puncte hatte Friedrich ja an seinem Vater ein vorzügliches Muster. Dieselbe Sparsamkeit, welche durch Friedrich Wilhelm I. in die Verwaltung des preußischen Staates eingeführt war und nicht nur die erhebliche Schuldenlast beseitigt, sondern den Staatsschatz auch mit baaren 9 Millionen Thaler gefüllt hatte, empfiehlt Friedrich auch seinen Fürsten; nur darf sie nicht in Geiz ausarten. Hierin gerade liegt ein großer Unterschied zwischen den großen (d. h. an Länderumfang) und kleinen Fürsten. Während letztere sich einer an Geiz streifenden Sparsamkeit befleißigen müssen, wenn sie nicht den kleinen Staat ruiniren wollen, muß der Fürst eines großen Staatswesens im Interesse dieses gerade freigiebig sein, „generös" sein, einen gewissen Lupus aus Staatsmitteln zeigen und begünstigen (S. 235--240). Dadurch weckt und belebt er die Industrie, und gerade durch diese wird das Land unerschöpflich reich. Aus sich selbst muß das Volk seine Existenzmittel schaffen, seine Bedürfnisse befriedigen; es soll mächtiger und gebildeter werden, indem es lernt, die eigenen Kräfte des Landes fruchtbar zu machen und im Völkerverkehr die eigenen Erzeugnisse anzubieten, die fremden zu empfangen. Die Anregung hierzu und die Förderung ist Sache der Fürsten. Ackerbau, Handel, Manufacturen, die „schönen Künste und Wissenschaften": wo sie gedeihen, da sind sie das sicherste Kennzeichen eines glücklichen und reichen Landes; und nichts verherrlicht mehr eine Regierung, als die Blüthe der Künste unter ihrem Schutze. Pericles, Augustus, Ludwig

„der Große", Lorenzo von Medici, Marc Aurel, sie Alle haben gezeigt, wie aus Unterstützung von Kunst und Wissenschaft ein zwiefacher Vortheil hervorgeht: Ruhm für den Mäcen selbst und Wohlfahrt für das Land. „Die Könige" — meint Friedrich (S. 270) — „ehren die Menschheit, wenn sie diejenigen, die ihr am meisten Ehre machen, auszeichnen und belohnen." Glücklich — ruft er aus — sind die Souveräne, welche selbst die Wissenschaft mit Lust betreiben und mit Cicero denken: „diese Studien nähren die Jugend, erfreuen das Alter; sie sind eine Zierde im Glücke, Trost und Zuflucht im Mißgeschick u. s. w.³³) Wir haben kaum nöthig zu erinnern, welch' reichen Wucher Friedrich selbst mit diesen „Talenten, welche der Weisheit der Souveräne anvertraut sind, um das Glück ihrer Staaten zu schaffen", besonders in dem Jahrzehnt vor dem siebenjährigen Kriege getrieben, wie er sie durch die Anlegung zahlloser Manufacturen, Eisenwerke, Fabriken aller Art, Häfen, durch Getreide- und Weinbau, durch Seidenzucht u. A. zur Geltung gebracht hat. —

Alle diese Quellen zur Mehrung der Kräfte des Landes in Fluß zu bringen, müssen die Staatsmittel stets reichlich fließen; doch müssen natürlich — wie Vorsicht und Klugheit mahnen — für die Ausgaben die Einnahmen stets der Barometer sein; stets muß ein Reservefonds da sein, damit man im Falle der Noth nicht zu neuen drückenden Auflagen gezwungen wird; ja ein verständiger Fürst wird in seiner Vorsicht so weit gehen, daß er auch für seinen Nachfolger die Mittel bereit hält; „ein kluger Fürst denkt auch an seinen Nachfolger" (S. 257), sagt Friedrich, unzweifelhaft wieder mit Beziehung auf seinen Vater. —

Doch der Begriff der „Zulänglichkeit" eines Staates, welche bekanntlich die Theorie der alten Philosophen als die Grundbedingung eines gesunden Staatswesens hingestellt und welche auch auf Friedrichs Staat im besten Sinne des Wortes Anwendung findet,³⁶) verlangt nicht nur Blüthe und Gedeihen im Innern, genügende Kraft der Production, ausreichende aus ihm selbst entspringende Hilfsquellen aller Art, genügende Macht, um die Gesetze aufrecht zu halten, Sorge für die Erziehung eines gesunden Nachwuchses und für die Bildung tüchtiger Bürger, sondern eben so sehr genügende Stärke nach Außen hin, ausreichende Macht zur Abwehrung der Angriffe auf die Freiheit und Unabhängigkeit des Gemeinwesens. Hierfür zu sorgen, ist die zweite Aufgabe des Fürsten (S. 230).

Außer der Liebe und Treue seines Volkes, der sichersten Bürgschaft für das Bestehen des Staates, bietet gegen die von Außen hereinbrechenden Stürme ein starkes, wohldisciplinirtes Heer den stärksten Schutz, und zwar ein Heer, welches — wie Friedrich seiner Zeit noch einschärfen muß — aus nationalen Truppen besteht (S. 216); denn schon der große römische Historiker³⁷) lehrt uns: „Auxiliorum animus est ambiguus". Die Zucht desselben muß strenge sein; die Einübung dieses Heeres bedarf der größten Geschicklichkeit und einer unermüdlichen Thätigkeit von Seiten des Fürsten. Die Ehre, das Verlangen nach Ruhm muß alle beseelen. „So pflanzt der Fürst auch durch das Heer das Gefühl des einen Ganzen, die Vaterlandsliebe, in das Volk." Auch hier muß der König Allen das Beispiel sein; er selbst, der Strategie kundig, ist der oberste Leiter. Darum ist für ihn eine sorgfältige Vorbereitung nöthig. Er muß sich dem „metier de la guerre" ernsthaft gewidmet haben, damit er versteht: Heere zu commandiren, Strapazen zu ertragen, „prendre des camps", weise Dispositionen zu treffen, in sich selbst bei schwierigen Umständen Auskunfts- und Hilfsmittel zu finden, aus dem Glück und Unglück Nutzen zu ziehen und niemals des Rathes und der Klugheit zu ermangeln" (S. 230).

Ein Fürst, welcher Umsicht, persönlichen Muth, practische und theoretische Kriegstüchtigkeit besitzt; ein starkes geübtes Heer; geordnete Finanzen; ein Volk, von staatlichem Bewußtsein erfüllt, mit Ehrfurcht und Liebe zu seinem Herrscher aufschauend, welcher nur seines Landes Glück im Auge hat: sie können getrost dem Augenblicke entgegensehen, wo es gilt, die traurige Nothwendigkeit eines Krieges auf sich zu nehmen. Denn der

---

³⁵) Cicero pro Arch. poeta VII., §. 18.
³⁶) Vgl. hierüber: „Aus Friedrichs des Großen politischen Vermächtnissen vom Jahre 1752 u. 1768". Trendelenburg Kl. Schr. Theil I. Leip. 1871. Abhandlung III. Es sind diese 2 Testamente in der großen Academie-Ausg. nicht aufgenommen, doch schon von Ranke in „9 Büch. preuß. Gesch." benutzt worden. Der Begriff der „Zulänglichkeit" wird darin näher begründet.
³⁷) Tac. Histor. 4, 73, 7.

Krieg ist stets eine traurige Nothwendigkeit; und die Fürsten sollten ernstlich alle anderen Mittel versuchen, ehe sie zu diesem „grausamen, verderblichen, hassenswerthen" Mittel ihre Zuflucht nehmen (S. 298). „Der Krieg ist so reich an Unglücksfällen, der Ausgang so unsicher, die Folgen für das Land so verderblich, daß die Fürsten nicht genug prüfen und überlegen können, bevor sie ihn unternehmen." Nur wenige Kriege sind entschuldbar; nichtswürdig und ruchlos sind jene, welche der Religion wegen unternommen werden oder allein den Eroberungsgelüsten und dem persönlichen Ehrgeiz des Herrschers dienen;[3*)] am abscheulichsten aber ist jener Schacher, welchen manche Fürsten mit dem Blute ihrer Völker treiben (S. 297).[3»)] „Es ist eine Art Auction, in der die Meistbietenden die Soldaten dieser unwürdigen Fürsten fortführen zur Schlachtbank...." „Solche Fürsten sollten erröthen über die Niederträchtigkeit, mit der sie das Leben derjenigen Menschen verschachern, welche sie gerade zu beschützen und zu beglücken berufen sind „comme pères des peuples". Nicht oft genug kann Friedrich seinen Fürsten einschärfen, daß er mit dem Leben seiner Unterthanen geizen, daß er sie nicht als seine Sclaven betrachten solle, sondern als seines Gleichen und in mancher Hinsicht **als seine Herren**."[») ] — Doch giebt es **drei Fälle** — Friedrichs Regierung bietet zu allen Belege —, in welchen **die Herrscher Kriege unternehmen können**, ohne über das vergossene Blut und die augenblicklich dem Lande geschlagenen Wunden Vorwürfe zu erwarten: die **Vertheidigungskriege** (S. 295, die gerechtesten von allen; nächst ihnen diejenigen Kriege, welche der Fürst zur **Aufrechthaltung bestimmter Rechte und Ansprüche**, die man ihm streitig machen will, unternimmt; endlich — nicht minder gerecht — diejenigen **Offensivkriege**, durch welche man einem noch größeren, drohenden Unglücke **vorbeugt**. Dies sind — sagt Friedrich besonders mit Rücksicht auf die letztgenannten (S. 295) — Kriege der Vorsicht, welche des Fürsten Weisheit anfängt, wenn die übermäßige Macht eines Reiches über die Grenzen zu treten und das Weltall zu verschlingen droht. Man setzt dem reißenden Strome Dämme entgegen, so lange man ihn noch aufzuhalten vermag. — Diese Kriege nach strenger Prüfung unternommen, stehen im Einklang mit der Gerechtigkeit und Billigkeit, und die Fürsten, welche sie beginnen, sind unschuldig an allem vergossenen Blute; in dergleichen Fällen wird das Paradoxon wahr: „Ein gerechter Krieg schafft einen guten Frieden". Leider — so sagt auch Friedrich bedauernd — ist die Welt noch nicht so glücklich, daß sie zur Aufrechthaltung des Friedens unter den Nationen als einziges Mittel die friedliche Unterhandlung anwendet, daß sie „Argumente" statt der Waffen ins Treffen führt, disputirt statt sich die Gurgeln abzuschneiden. Wann wird die Welt überhaupt zu jenem Glücke gelangen? dürfen wir zweifelnd hinzusetzen. „Da es keinen hohen Gerichtshof für die Könige giebt und keine Behörde in der Welt, welche ihre Differenzen schlichtet: so liegt es den **Schlachten** ob, über ihre Rechte zu entscheiden." Doch stets soll — so schärft Friedrich wiederholentlich seinem Fürsten ein — sorgfältige, ernstliche Prüfung, umsichtige Berechnung aller Conjuncturen und Chancen, soll **friedliche Unterhandlung der Kriegserklärung vorangehen**.[1)] —

Dies veranlaßt Friedrich nun, sorgfältig und mit demselben Ernst, wie der Strategie, der auswärtigen **Politik**, dem Geschäftsträgerwesen, den Unterhandlungen mit fremden Mächten, der „manière de négocier", höchst verständige Betrachtungen zu widmen: Gedanken, die dem Kronprinzen schon den gewiegten Politiker der Zukunft ahnen lassen. Das ganze Capitel XXVI. ist diesem Thema gewidmet, außerdem werden einzelne Fragen hier und da in der Schrift behandelt.

Wenn irgendwo, so bedarf es auf diesem Gebiete der Vorsicht und einer Klugheit, welche oft an List grenzt. Besondere Klugheit ist schon nöthig bei der **Wahl der Vertreter**. Die innere und die auswärtige Politik brauchen besondere Vertreter: Für die inneren Angelegenheiten genügen Persönlichkeiten, welche edle Herzenseigenschaften, vor Allen strenge Ehrenhaftigkeit besitzen, ohne jenen lebhaften und glänzenden Instinct,

---

[3*)] Hierüber haben wir oben schon gehandelt. Vgl. in Friedrichs Schrift bes. S. 297 u. 298.
[3»)] Gegen diesen verruchten Menschenhandel tritt er auch auf: Oeuvr. VI., p. 118 u 119.
[4)] Vgl. S. 298 u. 168.
[4)] Bei den Offensivkriegen wird man von dieser letzten Bedingung natürlich oft absehen müssen.

welcher das Genie characterisirt; für die äußeren Angelegenheiten aber braucht der Fürst die vorzüglichsten Köpfe: Menschen von lebhaftem Esprit und glänzenden Talenten, welche nicht allein listig und geschmeidig sind, um sich überall zu insinuiren, sondern auch seinen Scharfblick besitzen, um in den Augen die Geheimnisse des Herzens zu lesen und um aus Gesten und den unbedeutendsten Handlungen die geheimsten Absichten Anderer zu erkennen; denn diese Diener, welche die Fürsten an fremden Höfen unterhalten, nennen wir sie Agenten, Gesandte, Botschafter, sind „privilegirte Spione" — es ist das allgemeine Urtheil jener Zeit, auch von Friedrich Wilhelm I. haben wir einen ähnlichen Ausspruch —, welche über die Führung der Könige, bei denen sie installirt sind, zu wachen haben, „Lüchse der Geheimnisse", welche durch den Köder der Bestechung in das tiefste Dunkel einzudringen verstehen. Es bedarf somit für den Fürsten einerseits eines großen Scharfblicks und nicht geringer Menschenkenntniß, um die geeigneten Köpfe hinzusenden, andrerseits aber auch der Klugheit, den Lüchsen der fremden Mächte ein undurchdringliches Innere entgegenzustellen, die Maske der Verstellung anzunehmen, ihrer Intrigue mit andern Kniffen zu begegnen. Friedrich hatte ja selbst früh lernen müssen, stets gegen die Kunstgriffe solcher Spione auf der Hut zu sein, und vor ihnen seine innersten Gedanken und Neigungen zu verbergen: Grumbkow und der leider zu schlaue Seckendorf berichteten ja jede seiner Aeußerungen, der eine dem argwöhnischen Vater, der andere dem Feinde in der Wiener Hofburg. —

In noch höherem Maße ist Vorsicht geboten bei Abschließung von Verträgen und Bündnissen. Allianzen müssen sein; sie geben den vereinten Schwachen gleiche Stärke mit dem Starken, sie erhalten Europa im Gleichgewicht und in der Ruhe (S. 294). Da heißt es, noch wachsamer zu sein als gewöhnlich. Da muß der Fürst Alles sorgfältig zergliedern: sowohl die von ihm proponirten Vorschläge und Versprechungen (ob er sie auch halten und erfüllen kann), als auch die ihm gemachten Anerbietungen, ihre Consequenzen, ihre Wirkungen; er muß zu beurtheilen verstehen, ob die Bedingungen als dauerhafte Grundlage für das Glück des Landes dienen können und reellen Vortheil gewähren, oder ob sie nur ein Palliativ sind, ein Erzeugniß der Kunstfertigkeit und Listigkeit anderer Fürsten: er muß sie prüfen bis in die kleinsten und kleinlichsten Dinge hinein, bis zu den sprachlichen Ausdrücken und grammatikalischen Wendungen. Mit Ehrlichkeit schließt der Fürst die Verträge, ehrlich muß er sie auch halten. Denn auch die Politik — so lautet Friedrichs unerbittliche Forderung — muß sich stützen auf die Grundsätze einer gesunden und reinen Moral, auch in der Politik gilt die Gerechtigkeit als Basis des Handelns. Freilich kann es ja Fälle geben — fâcheuses nécessités nennt Friedrich sie (S. 249) —, in denen der Fürst nicht umhin kann, seine Verträge zu brechen, seine Bündnisse zu lösen; doch muß er dies thun „de bonne manière", d. h. so daß er „seine Verbündeten zur rechten Zeit benachrichtigt", und auch nur, „wenn das Heil des Volkes und eine dringende Nothwendigkeit" ihn zur Lösung der Bande zwingen. Freilich — so lautet ein zweites Zugeständniß — sind im Verkehr der Völker untereinander gewisse Finessen und Listen zulässig, ja nothwendig, gerade wie im Kriege; doch dürfen es nicht Mittel sein, die jeder Hochherzige verschmäht: gemeiner Verrath, Treulosigkeit, nichtswürdige Schmeichelei. Ueberhaupt dürfen „die Fürsten der Listen und Finessen sich nur in derselben Absicht bedienen, wie eine belagerte Stadt etwa das künstliche Feuer anwendet: einfach um die Pläne ihrer Feinde zu erforschen" (S. 294). Die Moral darf durch die Politik nicht berührt werden: sie ist der unwandelbar feststehende Leitstern, der Mittelpunct, in dem die verschiedenen Wege der Politik sich vereinen sollen. Daß die Politik krumme Wege gehen dürfe, daß sie arbeiten müsse unter einem für das große Publikum undurchdringlichen Deckmantel, daß die Moral der Großen eine andere sei als die der Kleinen: das sind falsche Doctrinen, und Schuld der Cabinete ist es, daß sie in der Welt so lange als wahr und unanfechtbar gegolten haben. Darum — so lautet Friedrichs Verlangen (S. 282) — sind die Fürsten „verpflichtet, das Publikum zu heilen von dem falschen Wahne, in welchem es hinsichtlich der Politik befangen ist; denn die, eigentlich nur das System der Weisheit der Fürsten ist, gilt gewöhnlich für das Breviarium der Schurkereien und Ungerechtigkeiten. Ihre (der Fürsten) Pflicht ist es, aus den Verträgen die Spitzfindigkeiten und Treulosigkeiten zu verbannen, und der Ehrenhaftigkeit und Aufrichtigkeit, welche sich — um die Wahrheit zu sagen — nicht mehr unter den Souveränen finden, wieder Stärke und Festigkeit zu verleihen." Denn so vollenden wir das Bild des Fürsten mit dem von Friedrich[12]) unbedingt angenommenen Ausspruch Johann's des Guten von Frankreich „wenn es in der Welt keine Ehre und Tugend mehr gäbe, müßte man ihre Spur bei den Fürsten finden".

So soll der Fürst sein; ein solches Bild, wie es sich bei aufmerksamer Lectüre leicht aus den Einzelzügen zusammensetzt, schwebte Friedrich bei seiner Widerlegung vor. — Aber wo finden wir diesen Phönix der Fürsten, fragen wir mit seinen Gegnern S. 201). „Es ist der Mensch Plato's, die Venus von Medici, welche ein geschickter Bildhauer nach 40 verschiedenen Schönheiten formte, und welche niemals anders als in Marmor existirt hat." Friedrich selbst fühlt und gesteht zum Oefteren (S. 201. 290), daß bei der großen Schwäche der menschlichen Natur, besonders bei der Verführung, welche die dem Fürsten verliehene unumschränkte Macht auf seine Wünsche und Leidenschaften auszuüben vermag, eine Monarchie mit einem solchen Fürsten, „ein Paradies auf Erden", vergeblich gesucht wird. Es ist eben ein Ideal, nach welchem jeder Fürst soll wenigstens das redliche Streben nach demselben zeigen. Dann wird auch das Volk wenigstens sollte es so handeln — Nachsicht mit seinen Schwächen üben. Glücklich ist das Land — ruft er S. 290 aus — „où une indulgence mutuelle du souverain et des sujets répand sur la société cette douceur aimable sans laquelle la vie est un poids qui devient à charge, et le monde une vallée d'amertumes au lieu d'un théatre de plaisirs". —

Diese edlen Gedanken, welche wir in dem Buche ausgesprochen finden, eingegeben von tiefem Abscheu gegen das Laster, gegründet auf strengster Moral, dargestellt in einer äußerst lebendigen Sprache, die durch reiche Vergleiche und Bilder und eine Menge satirischer Seitenhiebe eine angenehme Würze erhält, machen uns die Schrift entschieden lieb und werth. Den vollen Werth derselben, den Grund, warum ihr Erscheinen in der Oeffentlichkeit ein so gewaltiges Aufsehen machte, werden wir aber erst begreifen, wenn wir uns in jene Zeit zurückversetzen und die Gestalten der damaligen Fürsten und Diplomaten, für welche Friedrich sein Bild hinstellen wollte, gleichsam auf der Hinterwand der Bühne vorbeiziehen lassen.[13]) — Ist es doch so recht die Zeit der Cabinetskriege und der schnödesten Fürstenselbstsucht — jener Anfang des XVIII. Jahrhunderts, dem Ludwigs des XIV. „Größe" das Siegel aufgedrückt hatte. Auf dem Throne schwankenloser Egoismus, das Volk willenloses Werkzeug der Laune des Fürsten, die Hoch und Niedrig Servilismus, Corruption, Lüge: dies ist das allgemeine Bild jener Zeit, zu dem fast jedes Blatt in den Schriften der damaligen zahlreichen Hofbiographen und Memoirenschreiber einen traurigen Beitrag zu liefern vermag. Nur selten hemmt des Rundschauers forschenden Blick ein erfreulicherer Zug.

Des „großen" Ludwig's Regierungssystem, absolut militärisch-monarchisch, hatte bekanntlich Frankreich zwar stark und mächtig gemacht und Glanz und Pracht um den Monarchen und seinen Hof geschaffen; doch diejenigen, die eben diesen Glanz um den prachtliebenden Herrscher verbreiteten, einstmals mächtige und trotzige Barone und Herzöge, wetteiferten jetzt mit den gemeinsten Hofschranzen in Servilismus und Schmeichelei und unter sich in Verschwendungssucht und Frivolität; und während arglistige Minister und schmeichelnde Höflinge dem Herrscher Weihrauch streuten, und während der Herrscher schwelgte in dem Gefühle seiner Allgewalt und in dem Genusse seiner Eroberungen: seufzte das Volk unter der Tracht der Abgaben, und Tausende von Familien kamen durch gewissenlose Finanzbeamte an den Bettelstab. Doch was kümmerte das die Majestät? Ihr war ja die Masse des Volkes nichts anderes als Arbeiter, welche für Rechnung des Herrn sich quälen müssen, und der Staat nichts Anderes als ein Stück Land, ein Pachtgut, das man nützen, mitunter auch aus-

---

[12]) Vgl. Cap. XVIII.
[13]) Unsere Rundschau beabsichtigt natürlich nicht, ein ausführliches, auf gründliches eigenes Quellenstudium sußendes Zeitbild zu liefern, sondern wir bescheiden uns damit, auf Grund der feststehenden Resultate diejenigen Figuren vorzuführen, welche damals die Hauptrollen auf dem Welttheater spielten; — für genauere Betrachtung empfehlen wir bes. die gründliche und umfassende „Geschichte des 18. Jahrh. u. des 19. bis zum Sturz des franz. Kaiserreichs von F. Schlosser, 3 Bände 5. Aufl. Heidelberg 1864. Unserm Zweck dient B. I. —, speciell für deutsche Verhältnisse: Perthes „Deutsches Staatsleben vor der Revolution", G. Freitag „Bilder aus der deutschen Vergangenheit". B. IV. und G. Schmoller in Preuß. Jahrb. Juni und Juli 1870.

faugen müsse", so schnell und so erschöpfend wie irgend möglich! Als dann diese helle Sonne Frankreichs, an ihrem Lebensabend schon nicht mehr von den Lieblingen der Musen und gewiegten Staatsmännern und großen Feldherren umgeben, sondern durch fromme Weiber und heuchelnde Pfaffen in der Bahn gehalten, endlich in dem Meere der Ewigkeit untergegangen war, da hatte ja das Land im Grunde nur den Namen des Herrschers gewechselt: Character und Politik blieben dieselben. Der Regent, Herzog Philipp von Orleans, talentvoll zwar und von staatsmännischer Begabung, aber moralisch nicht minder verderbt, er und sein gewissenloser Rathgeber Dubois hielten jedes, auch das unmoralischte Mittel für erlaubt, wenn es ihren Zwecken dienen konnte: das war ihre ächte Staatsweisheit. Das Königthum aber völlig in Haß und Verachtung zu bringen, die Staatsschulden zu der enormen Höhe von 1000 Millionen Franken emporzubringen, gelang erst meisterhaft dem schandbaren Hofleben Ludwigs XV. und der grenzenlosen Verschwendung seiner Mätressen, besonders jener berüchtigten Marquise de l'ompadour, die den König durch die ausschweifendsten Sinnengenüsse und kostspieligsten Vergnügungen von den Regierungsgeschäften abhielt, während sie eigenmächtig über die Staatskassen verfügte und die höchsten Aemter im Heere wie in der Verwaltung mit ihren Creaturen besetzte. — Trotz der immer sichtlicher zu Tage tretenden Mängel und Gebrechen hatten fast alle europäischen Regierungen das von Ludwig XIV. empfohlene System sammt seinem Gefolge von Lastern und Unsittlichkeiten angenommen und mit leider allzu großer Geschicklichkeit nachgeahmt. Die Politik befand sich in den Händen abgefeimter Diplomaten, welche, fortgerissen von dem dämonischen Reiz, in dem Intriguiren und Ränkespinnen zu liegen scheint, gewissenlos, wenn auch vielfach genial, mit dem Wohle der Länder spielten und, was sie in offenem Kampfe zu erreichen sich scheuten, durch Intriguiren zu erschleichen suchten. Die Fürsten aber fanden entweder an diesem Spiele inniges Behagen und suchten ihre Minister noch womöglich an Schlauheit zu überholen, oder sie überließen das Wohl und Wehe des Landes gewissenlos jenen Ränkespinnern und waren nur Könige der glänzenden Hofhaltung, von der sie umgeben waren, oder Diener ihrer Leidenschaften, und führten ein Leben, das entweder von wahrhaft barbarischer Rohheit oder von gekünstelter Feinheit und ausgesuchtester Pracht und Ueppigkeit zeugte. Das ist der allgemeine Character der damaligen europäischen Höfe und Regierungen. —

Kann es etwa ein leichtfertigeres Spiel geben, als damals Spaniens Leiter, der Minister und Cardinal Alberoni, mit dem schwachen Philipp V. und dessen herrschsüchtigen Gemahlin (Elisabeth von Parma), mit Spaniens Glück, mit Europas Ruhe spielte? Man staunt über die Geschicklichkeit und Gewandtheit, mit welcher er über ganz Europa durch Bestechung, Lüge und treulose Vorspiegelungen seine geheimen Fäden auszuspinnen verstand; man müßte seine Geschicklichkeit bewundern, wenn man nicht seine Gewissenlosigkeit verabscheute. Denn dies ganze Spiel diente, während er dem Könige Hoffnung auf Erlangung der Regentschaft sammt der Thronfolge in Frankreich einflößte, in Wahrheit zu nichts Anderem, als den Kindern der Elisabeth von Parma, die als Kinder aus zweiter Ehe in Spanien kein Erbe zu erwarten hatten, Throne im Ausland — die ehemaligen Besitzungen der Spanier in Italien — zu verschaffen. „Die mütterliche Zärtlichkeit Elisabeths, die knechtische Beflissenheit des Cardinals unterfingen sich also, die Brandfackel eines neuen Krieges über Europa zu schwingen, um zwei Fürstenkindern zu Fürstenthümern zu verhelfen, ohne allen Rechtstitel, blos zur Befriedigung anmaßender Lust." Sein Plan wäre geglückt, wenn nicht geschickte Gegner mit denselben Waffen ihn besiegt hätten. Den Einen, Dubois, haben wir schon erwähnt. Der andere galt und gilt noch heute bei seinen Landsleuten für das Muster eines Diplomaten und kann uns evident zeigen, wie nach damals allgemein und auch heute noch vielfach in den leitenden Kreisen verbreiteter Ansicht „die strengen Gesetze der Rechtlichkeit auf die höheren Lebensverhältnisse, insbesondere auf die Politik, nicht anwendbar seien.“[*]) Denn so sicher und geschickt Robert Walpole 20 Jahre lang unter Georg I. und II. Englands und Europas Angelegenheiten geleitet hat: die Mittel, welche er an=

---

[*]) Hiermit rechtfertigt der begeisterte Vertheidiger Robert Walpole's, Lord Dover, in den „lettors of Horace Walpole to Sir Horace Mann 1833" Alles was Walpole gethan: unter allgemeinem Beifall seiner Landsleute; vgl. Schlosser a. a. O. S. 275 ff.

gewandt, waren nicht immer rein. Als Kriegssecretär hatte er seine Freunde bei den Lieferungen betrügerisch begünstigt; wegen öffentlicher Bestechung wurde er aus dem Parlament gestoßen. Später trotzdem Minister und an der Spitze des Parlaments, der Führer der Whigs, erkaufte er die Stimmen im Parlament unausgesetzt 20 Jahre hindurch, während er gleichzeitig den Buhlereien und sinnlichen Ausschweifungen des Königs jeden Vorschub leistete. Moralisch weit tiefer steht Karls des XII. Rathgeber, jener buntschillernde Baron von Görz, eine wahre Proteus-Natur, welche, obgleich entschieden ein Mann von vielen Talenten, von weiter politischer Umsicht und großer practischer Geschicklichkeit, besonders im Finanzfache, doch seine größte Gewandtheit zeigte in der Beseitigung des damaligen Grundsatzes, daß „Geradheit, Ehrlichkeit, Worthalten in größeren Geschäften, wo nur Schlaue und Abgefeimte den Vortheil ernten, durchaus nicht passend seien". Statt der besonderen Schilderung der vielen Ränke und Intriguen, die er in seiner bescheidenen Stellung als Holstein-Gottorp'scher Minister anzuzetteln wußte, und der wahrhaft bemerkenswerthen Unermüdlichkeit, Geschäftigkeit und Ausdauer, mit welcher er im Dienste Karls durch seine an allen Höfen Europas unterhaltenen Verbindungen jenen ungeheuerlichen Plan vorbereitete: in Gemeinschaft mit Alberoni gleichzeitig Georg I. in England und den Herzog Regent in Frankreich zu stürzen, sowie die damals mit einander im Krieg liegenden Herrscher Schwedens und Rußlands gegen die anderen europäischen Mächte zu vereinigen; statt Erwähnung aller seiner Kabalen und lustigen Projecte stehe hier als characteristisch für seine wie für die Grundsätze jener Zeit überhaupt eine Stelle aus einem seiner Briefe an den Grafen Bassewitz, der damals noch auf seine Kosten intriguirte und Geld verschwendete: „Sagen Sie dem Czar Peter, wenn er sich auf Rechtlichkeit etwa etwas einbilden wollte, daß unter Fürsten alle Freundschaft nur Eigennutz ist, und daß, wenn ein Fürst dem andern aufs allerstärkste seine Ergebenheit betheuert, dieser, sobald er nicht klar den Nutzen sieht, der dem Andern aus ihrer Verbindung zufließt, stets denken muß, daß alle diese Betheuerungen leere Worte sind, und daß Betrug dahinter steckt." — Doch wozu sollen wir jene abgefeimten, moralisch verdorbenen Menschen erwähnen, die in ihrer Thätigkeit alle einem und demselben Grundsatz folgten: „ein Diplomat müsse über die Vorurtheile gewöhnlicher Moral hinaus sein"! Männer wie Bassewitz, des erwähnten Görz Todfeind und würdiger Genosse, oder wie Graf Flemming, des polnischen August stets williger Helfershelfer, oder wie Schoenborn und Bernstorff und wie diese berühmten Rouletttespieler der hohen Politik heißen sie hatten der Völker Glück in ihren Händen und setzten es oft genug leichtsinnig auf eine Karte. „Vielleicht" — so schildert ein neuerer Historiker das Treiben dieser Menschen — „ist nie mit mehr Genialität und Gewissenlosigkeit eine schwindelhaftere Politik getrieben; vielleicht hat nie die politische Moral so niedrig gestanden; — um so niedriger, als sich auch die private Moral der Politiker auf das conventionelle Maß der Cavalierehre beschränkte. Es sind die Abenteuer eines Gil Blas oder der liaisons dangereuses, die den Politikern als Muster zu dienen scheinen; die Staatsgeschäfte werden in der Manier der galanten Romane betrieben, und die galanten Romane sind an den Höfen gleich den wichtigsten Staatsgeschäften und für diese nur zu wichtig". Die zahlreichen Abmachungen dieser listigen und ränkevollen Diplomaten, ihre zahllosen geheimen Staatsverträge, Triple- und Quadruple-allianzen mit ihren Kabalen und Intriguen; sie bilden ein trauriges Kapitel in der Sittengeschichte; für die Universalgeschichte sind sie zum Glück ohne große Bedeutung geblieben. Darum rühre man nicht ohne Grund jenen Schmutz auf!

Wo solche Männer das Staatsschiff leiten, werden die Fürsten weder die Diener des Staates in Friedrichs Sinne, noch wirkliche Herrscher desselben sein.

Sie erscheinen vielmehr entweder als willenlose Werkzeuge in den Händen jener Ränkespinner oder als Sklaven ihrer eigenen Launen und Leidenschaften. Spaniens Herrscher, jener schwache Philipp V., Anfangs gelenkt von der Prinzessin Orsini, einer durch die jesuitische Schule in Rom und durch die Freundschaft der Maintenon in Frankreich gebildeten Meisterin der Intrigue, und dann regiert von dem Alberoni's waghalsigem Unternehmungsgeist: wie weit entfernt ist er von Friedrichs kraftvollem Fürsten, der Alles sieht und lenkt, der die „Seele des Staates" ist? Und jene Elisabeth von Parma, die mit ihrem Helfershelfer unermüdlich intriguirt und die Brandfackel des Krieges erhebt, ohne jeden Rechtstitel, nur um das Haupt ihrer Kinder mit der Krone von Sardinien und Sicilien geschmückt zu sehen: wie gleicht sie doch ganz jenen Eroberern, die Friedrich den „Dieben und Wegelagerern" vergleicht! Und selbst Schwedens jugendlicher Herrscher Karl XII., den man ob seines ritterlichen Muthes und seiner Tapferkeit in Noth und Gefahren gern bewundern möchte: untergrub er nicht durch seinen Starrsinn und seine Vermessenheit die Macht und Wohlfahrt des so mächtig und stark gewordenen Landes? Vermögen wohl vor seinem soldatischen Uebermuth der Gedanke „Humanität", „Unterthanen= und Bürgerrechte" dauernd Stand zu halten? Der Mißbrauch, den er mit dem Absolutismus getrieben: er warf das Land nach seinem Tode wieder der Willkür und Herrschsucht der alten Aristokratie, einem noch größeren Uebel, in die Hände; und seine Schwester Ulrike Eleonore und ihr Gemahl, der hessische Prinz, vollständig von dem Reichsrath in ihrer Macht beschränkt, hatten wenig mehr als den königlichen Namen und repräsentirten nur in den Augen des Volkes „das Phantom königlicher Majestät". —

Englands Nation freilich zeichnete sich damals rühmlich vor Allen aus und durfte verächtlich auf alle anderen europäischen Völker herabblicken; vor dem Absolutismus schützten es die Verfassung, die Gesetze, das Parlament; Handel und Gewerbe blühten auf in demselben Maße, als Holland von Jahr zu Jahr verlor. Doch würde man irren, wenn man allein der Tüchtigkeit der Minister oder gar der Fähigkeit seiner Regenten das Aufblühen des Landes zuschreiben wollte. „Das Ministerium hatte immer mit seinen, mit des Königs oder mit seiner Freunde Privatsachen zu thun."⁴⁵) Walpole und seine leichtfertigen Grundsätze über Sittlichkeit, sowie die oft genug unmoralischen Mittel, durch welche er seine Stellung behauptete, haben wir schon erwähnt. Die Herrscher aber, Georg I. und II., in deren Namen Walpole Englands Geschick leitete, paßten sowohl in ihrer Unfähigkeit zu regieren wie in der Unsittlichkeit und Ueppigkeit ihres Privatlebens vortrefflich zu jenen Zeiten und glichen völlig der Mehrzahl der damaligen Fürsten. Die Sucht, Hannover zu vermehren, und die Sorge für seine Geliebten: das sind Georgs I. Bemühungen um Englands Wohl; für sie wurden die Staatseinnahmen verschleudert, und die Schulden der englischen Nation vermehrt; und was die Schamlosigkeit und Oeffentlichkeit der Mätressenwirthschaft anbetrifft, so ist wahrlich der Sohn und Nachfolger hierin nicht hinter dem Vater zurückgeblieben!

„Wenn es in der Welt keine Ehre und Tugend mehr gäbe, müßte man ihre Spur bei den Fürsten finden", sagt Friedrich. Finden wir sie etwa bei den Herrschern des gewaltig erstehenden Reiches im Osten von Europa? Sind sie nicht vielmehr unübertreffliche Muster von Morallosigkeit, von Rohheit, von fast thierisch sinnlichen Gelüsten — jene mächtigen Herrscher des großen Czarenreiches? Jener „große" Peter, welcher „überall glücklich war, wo durch Gewalt und List mit äußern Mitteln äußere Zwecke zu erreichen" waren, und überall „scheiterte, wo er eine wahrhafte Civilisation schaffen wollte, weil es einer sittlichen Kraft und Grundlage und eines ewigen Grundsatzes bedarf, wenn man unerschütterbar bauen will", dessen geringe Ansicht von Moral und Recht durch den Character seiner beiden Helfershelfer, der sinnlichen und ausschweifenden Katharina und des der gemeinsten Betrügereien und schmutzigsten Habsucht stets schuldigen Menzikoff (die überdies stets in einem unerlaubten Verhältniß zu einander standen) genügend documentirt ist: er sowohl wie — 2 Jahre nach ihm — seine Gemahlin wurden ein Opfer ihres unmäßigen Trinkens und ihrer Ausschweifungen noch schlimmerer Art; ihr würdiger Nachfolger, ein noch unmündiger Jüngling, hatte bereits nach 3 Jahren Körper und Geist durch maßlose Vergnügungen dem frühen Grabe gezeigt. Und zur Zeit, als Friedrich den Spiegel sich und seiner Zeit vorhielt, saß auf russischem Throne Anna, Kaiserin geworden durch einen Wortbruch, indem sie die Wahlcapitulation, nach welcher die Regierungsgewalt zwischen der Kaiserin und dem höchsten geheimen Rathe getheilt wurde, vor ihrer Wahl unterschrieb, dann aber — im Besitze der Macht — einfach vernichtete und mit Hülfe ihres Günstlings Biron die unumschränkte Macht wiederherstellte; sie war es, die den Stanislaus Lescinsky flüchtig und landlos machte und den August III. von Sachsen verlockte, seines deutschen Landes Mittel um eitlen Bemühens Willen leichtsinnig zu vergeuden!

---

⁴⁵) Vgl. Schlosser a. a. O. I., 345 ff. und über das Folgende: S. 278 ff., S. 343 ff.

Damit sind wir bei Deutschland angelangt, leider aber nicht bei angenehmeren Bildern. Denn denselben Character der Schwäche und Erniedrigung in den Sitten und Gebräuchen der Höfe und im Zustand und Leben der Völker zeigt auch das heilige römische Reich deutscher Nation, sowohl sein Gesammtkörper, wie die Hunderte seiner Glieder. Die politische Schwäche, zu welcher das Reich durch die undeutsche Politik der habsburgischen Kaiser und durch die Selbstsucht der Reichsglieder herabgedrückt war, hatte es dem Nachtheile des französischen Einflusses weit mehr als die andern Mächte überliefert, und die wahrhaft knechtische Nachahmung der französischen Bildung und Sitten, in welcher sich fast alle deutschen Höfe gefielen, machte das Land noch abhängiger. Es ist kaum nöthig — wir verweisen in dieser Hinsicht außer auf G. Freitag's und Schlosser's bereits erwähnte Werke speciell auf die meisterhafte kurze Skizzirung jener Zeit in Schmoller's bereits citirter Abhandlung —, an jene kunstvoll verschlungenen Schach- und Winkelzüge der österreichisch-katholischen Hauspolitik zu erinnern, die Alles Andere eher als Deutschlands Ehre und Macht zu wahren suchte und namentlich der Hebung des preußischen Staates durch die geschicktefte Spionage entgegenzutreten wußte! Wozu erinnern an die sprüchwörtlich gewordene Thätigkeit des Reichshofraths, an den schleppenden Geschäftsgang und die Bestechlichkeit des Reichskammergerichts,[16]) oder gar an die meist ohne jeden Beschluß verlaufenden Sessionen des permanenten Reichstages und an die Jämmerlichkeit der Reichsarmee. — Fast noch trauriger war es um die Verfassung und Verwaltung innerhalb der 300 einzelnen Territorien bestellt. „Je kleiner das Gebiet, desto schlimmer das Zerrbild eines eigenen Staatswesens", sagt Schmoller in der erwähnten Schrift. Jeder Reichsfürst suchte es in Glanz und Ueppigkeit Ludwig dem XIV. nachzuthun. Jeder Reichsgraf, der seine sechs Soldaten hielt, hatte auch seinen Hof und seine Mätressen; und wo die Kleinheit des Gebietes und die verschwindende Unbedeutendheit der militärischen Macht dem Fürsten die Eroberungsgelüste und das Streben nach Ausdehnung seiner Landeshoheit verbot, da mußten wenigstens die raffinirtesten und kostspieligsten Genüsse, der glänzendste Hofstaat die mangelnde Größe ersetzen. Die beiden August[17]) von Sachsen-Polen, die Herzöge Eberhard Ludwig und Karl Alexander von Würtemberg, jener mit der frechen, von Habsucht, schmutzigem Geiz und gemeinster Wollust beherrschten Gräfin von Graevenitz das Land regierend und verkaufend, dieser mit dem geldgierigen, schurkischen Juden Süß und seinen schamlosen Genossen Land und Volk ruinirend[18]): sie werden lange als unübertroffene Muster gelten können, wie raffinirt verschwenderisch und durch das Hofstaat leben kann, während das Land dem Drucke der Abgaben und Erpressungen, dem Wildschaden und schwersten Mißbräuchen aller Art fast erliegt.[19]) — Dieselben beiden polnischen Auguste können uns zeigen, wie ein Herrscher zu jener Zeit aus rein dynastischem Interesse — um des vergeblichen Bemühens Willen, auf dem „Sumpfboden der polnischen Anarchie" eine Erbmonarchie zu errichten — die Quellen seines angestammten Landes völlig zu erschöpfen kein Bedenken trug. — Doch die geistlichen Fürsten jener Zeit — waren sie nicht bemüht, der allgemeinen Sittenverderbniß zu steuern und durch Beispiel und Wort bessere Zeiten heraufzuführen? Aus der vornehmsten Aristokratie, aus den angesehensten reichsritterlichen Familien entsprossen, durch Bestechung und diplomatische Kniffe in Würden gekommen, verpraßten diese Bischöfe und Domherren mit ihren prächtigen Hofhaltungen die Einkünfte frommer Stiftungen und die Abgaben der Länder in wüstem Müßiggange; in der Offenheit und Schamlosigkeit, mit der sie ihren rüsten Fröhnten, übertrafen sie noch die weltlichen Herren![20])

---

[16]) Diese Schäden und Gebrechen wuchsen von Jahr zu Jahr in erschreckender Weise. In dem „Visitationsbericht" vom Jahre 1767 hieß es: die schändlichsten Justizkniffe und Corruptionen — betrieben in größter und feinster Weise — seien entdeckt worden. — Die Zahl der unerledigten Processe beim Reichskammergericht war bis 1772 bekanntlich auf 61,233 gestiegen.

[17]) Die Mätresse August's des Starken kostete dem Lande allein 20 Millionen Thaler. — In demselben Maße, als Elend und Armuth in Sachsen zunahm, mehrten diese beiden Herrscher den Glanz ihres Hofes und den Aufwand bei Feste und Aufzüge der Mätressen und der natürlichen Kinder. Vgl. Schlosser S. 208—211.

[18]) Die Würtembergische Oper und das Ballet waren damals die besten nach dem Pariser Theater. — Der Hofstaat des kleinen Landes umfaßte nicht weniger als 2000 Personen!

[19]) Durch den schamlosen Stellenverkauf und Erpressungen aller Art brachte Jude Süß in 3 Jahren über eine Million Gulden zusammen. Der Wildschaden wird in dem einen Jahre 1738 auf 500,000 Gulden geschätzt.

[20]) Mußte es doch im Jahre 1740 am Hofe zu Münster verboten werden, „daß die geistlichen Herren ihre Konkubinen

Wie die Herren, so die Diener. Bestechlichkeit, sclavisches Kriechen gegen die Höheren; lächerliches Prunken und Großthun untereinander; Hochmuth, Rohheit und Brutalität gegenüber dem niederen Volke: das ist — um es kurz zusammenzufassen — der gemeinsame Character des Adels und des Beamtenstandes. — Wird man sich wundern, wenn demgegenüber das Volk allmählich jedes Selbstbewußtsein, jedes Gemeinsamkeits= gefühl, jedes Verständniß für den Begriff und das Wesen des Staates verlor, und stumpfsinnig und theilnahmlos Alles über sich ergehen ließ und oft schon sich beglückt und befriedigt glaubte, wenn es neugierig der Pracht und dem blendenden Glanze der Hoffeste zuschauen durfte, einer Herrlichkeit, die es mit eigenem Schweiße und durch seine eigene saure Arbeit hatte herrichten helfen?! Das war ja das einzige Recht der Unterthanen, während ihre oberste Pflicht war: unbedingter Gehorsam! — Entsetzlich litt Land und Volk in den einzelnen Staaten durch die stehenden Heere, welche, da sie numerisch wie an Kostspieligkeit der Waffenausrüstung täglich zunahmen, die Kräfte des Landes aussogen und jeden Gedanken an eigenen Willen, an Freiheit in dem Volke unterdrückten. Das Unwesen der Werber, ihre Ungesetzlichkeiten; die brutale Behandlung der Soldaten von Seiten der Officiere; sowie die entsetzliche Rohheit der verwilderten Soldtruppen, ihre unaufhörlichen Raufereien und Händel: Alles dies sind traurige, aber leider nur zu wahre Züge in dem Culturbilde jener Zeit und finden fast auf jeder Seite der Geschichtsbücher ihre überzeugendsten Belege. Das geworbene Kriegsvolk — es hatte ja das Werbegeld auf den Namen des Fürsten angenommen und diente nur für seine Interessen — galt, gleich den Kondottieri des Mittelalters, auch zu jener Zeit noch für das Privateigenthum der Fürsten, daher einzelne Landesherren sich bekanntlich berechtigt hielten, ihre Heere an andere Staaten oder Parteien in Europa zu vermiethen: natürlich für ihre meist geleerten Kassen ein recht erkleklicher Gewinn! Es ist klar, daß Friedrich vor Allem auf diesen entwürdigenden Menschenhandel mit sittlicher Entrüstung schaute und mit den schärfsten Ausdrücken hinwies: und doch hatte dieser nichtswürdige Schacher zu jener Zeit, in der Friedrichs Ent= stand, den Höhepunct der Schamlosigkeit und Frechheit noch nicht erreicht! Noch hatte die Welt jenes er= greifende Schauspiel nicht gesehen, welches später der Landgraf von Hessen=Cassel ihr vorführte: den Anblick, daß hessische Landeskinder unter den dem Landesherrn gewidmeten Flüchen und Verwünschungen der Ihrigen eingeschifft wurden, um im Solde Englands im fremden Lande gegen die um ihre Freiheit kämpfenden Amerikaner hingeschlachtet zu werden; noch ahnte die Welt nicht, daß gleichfalls jener gewissenlose Herrscher ihr später zu bieten wagte, daß einstmals Söhne desselben Landes, gleichzeitig zum Theil an Oesterreich, zum Theil an Baiern verschachert, in dem zwischen diesen 3 Mächten ausgebrochenen Kriege einander im offenen Felde massacriren würden, während der Landgraf daheim saß und gierig die 21 Millionen Thaler zählte, welche ihm sein ekel= hafter Schacher eingetragen hatte. Das einträgliche Geschäft, das die renommirte „hessische Firma" mit dem Blute des Landes trieb, reizte zur Nachahmung: die Fürsten von Waldeck, Braunschweig, Ansbach u. A. schändeten ihre Namen, indem sie gleiches Blutgeld einstrichen.⁵¹)

Mit Erwähnung dieses unzweifelhaft größten Schandfleckes sei unsere Skizzirung jener Zeit geschlossen. Die wenigen Lichtstrahlen, die in jene düstere Zeit fallen — so war namentlich Preußen ja durch den großen Kurfürsten und Friedrich Wilhelm I. entschieden auf der Entwicklung zu einem gesunden Staatswesen bereits begriffen —, sie sind uns als Vorboten einer helleren Zeit willkommen, vermögen aber über den kalten Schauer, der uns bei der Betrachtung des Gesammtbildes jener Zeit unwillkürlich überfällt, nur wenig hinwegzuhelfen.

---

offen wie angetraute Frauen zu Tafel und Festen gegenseitig einlüden.". — Den glänzendsten Hofstaat und die prachtvollsten Feste bot damals der Bischof Schoenborn in Bamberg. Vgl. über ihn wie überhaupt über das Leben damals: „Büsching's Beiträge zu der Lebensgeschichte denkwürdiger Personen." Theil IV., S. 199 ff.

⁵¹) Eingehend ist dies traurige Stück Sittengeschichte, das an die barbarischsten Zeiten des Mittelalters erinnert, behandelt worden von Friedrich Kapp: „Soldatenhandel deutscher Fürsten nach Amerika. Beitrag zur Culturgeschichte des 18. Jahrh." 2. Auflage. Berlin 1874. — Auch der vor Kurzem erfolgte Tod des Trägers des letzten Kurhutes, der ein würdiger Nachfolger jenes hessischen Landgrafen war, hat in der Tagesliteratur vielfach zur erneuten Besprechung jener Menschenschlächterei Veranlassung gegeben: in zahlreichen „Nekrologen" und „Rückblicken" u. A.

Aus solcher Zeit heraus erhob sich das Bild von Friedrichs „Fürst": das muß festgehalten werden, wenn wir seine politische Abhandlung in ihrem vollen Werthe würdigen wollen. Solchen selbstsüchtigen und verdorbenen Fürsten stellt er sein Ideal vor Augen, solche stumpfsinnigen und trägen Volksmassen will er aufrütteln, beleben und erziehen. — Wie sehr ihm dies gelang, die bedeutsamen Folgen dieser seiner Schrift und ihres positiven Inhaltes betrachten wir weiter unten, nachdem wir erst die negative Seite seines „Antimachiavelli", die eigentliche Widerlegung, einer kurzen Besprechung unterworfen haben. —

## III. Machiavelli, wie er von Friedrich dargestellt wird, und wie er der heutigen Forschung erscheint.

Wir können uns bei Betrachtung der Kritik, welche Friedrich an Machiavelli übt, kürzer fassen, einmal weil der heutige Standpunkt der wissenschaftlichen Forschung das Urtheil, welches Friedrich und seine Zeit über den florentinischen Schriftsteller fällten, wesentlich modificirt, Friedrichs Ansichten längst überholt hat und zweitens, weil die Widerlegung der Lehren, welche Friedrich versucht, selbst wenn sie nicht von einem ganz falschen Princip ausginge, auch im Einzelnen eine Menge Fehler, Irrthümer, Schwächen zeigt. Gänzlich unberührt darf diese Seite aber auch nicht bleiben, da Friedrichs Schrift nicht geringen Antheil an dem schweren Unrecht gehabt hat, das bis in unsere Zeit hinein dem berühmten Politiker zugefügt worden ist, und da es überdies die Gerechtigkeit verlangt, daß, wo man die glänzenden Vorzüge eines Werkes hervorhebt, auch ihre Schattenseiten nicht unerwähnt bleiben.

Selten ist wohl in der Welt über einen Schriftsteller und ein Buch so viel geschrieben worden, wie über Machiavelli und die von ihm verfaßte Schrift: „Il principe". Dies Buch war es, welches seinem Verfasser die traurige Berühmtheit, und einer Politik, welche gewissenlos, selbstsüchtig, ohne jede Moral verfährt, den Namen „Machiavellismus" eingetragen hat; an dies Buch sind die zahllosen Untersuchungen über den Character, die Tendenz Machiavelli's überhaupt angeknüpft worden. Ebenso selten sind auch wohl über irgend einen Schriftsteller so viele verschiedene, weit auseinander gehende, oft sich völlig widersprechende Urtheile gefällt worden.[32]) Es erscheint dies um so wunderbarer, da seine sämmtlichen Werke, seine historischen und politischen Schriften, seine Gesandtschaftsberichte, seine Briefe früh veröffentlicht und oft abgedruckt und übersetzt sind, da überdies kaum ein Schriftsteller so offen, klar und präcis wie Machiavelli seine Ansichten und Grundsätze dargelegt hat, da endlich seine Lebensschicksale von Anfang an bekannt waren und ausführlich dargestellt worden sind. Der Grund dieser Erscheinung liegt einfach darin, daß man bei allen vorgenommenen Untersuchungen bis in unsere Zeit hinein einseitig verfahren ist, indem man entweder eine Schrift, losgelöst aus ihrem Verhältniß zu den übrigen Werken des Verfassers, der Betrachtung unterwarf, oder wohl gar einzelne Doctrinen aus dieser Schrift — wie es dem „Il principe" ergangen — aus dem Zusammenhange herausschnitt und nun als maßgebend für die Beurtheilung des Gesammtcharacters Machiavelli's ansah, oder indem man allein die Folgen dieser seiner berühmtesten Schrift zum Maßstab für ihren Werth machte und rückwärts schloß auf den Character des Mannes, oder endlich indem man Machiavelli's Lebensschicksale, seine allmähliche

---

[32]) Die umfangreiche Literatur, welche im Laufe von 3 Jahrhunderten über Machiavelli entstanden ist, findet man außer in den Literaturgeschichten — Scherr Allg. Gesch. der Literatur. 4. Aufl. Stuttgart 1871. B. I. S. 326, Anmerkung, giebt nur Weniges — zusammengestellt in: Robert von Mohl's „Abhandlungen über Geschichte und Literatur der Staatswissenschaften". 1858. B. III. S. 519—91. — Das später Erschienene bei: E. Twesten Machiavelli in „Sammlung gemeinverständl. ic. Vorträge von Virchow und Holzendorff", Heft 49 S. 1—10, und: A. Gaspary „Die neuesten Kritiker des Machiavelli" in Ztschr. „Im deutschen Reich" 1874, Nr. 39 — auch bei Voretius a. a. O. S. 35. — Die für die Lösung der Frage von besonderer Wichtigkeit gewesenen Untersuchungen werden suo loco von uns besonders angeführt werden. Vgl. auch Niccolo Machiavelli's florentinische Geschichten, übers. v. Alfred Reumont. Leipzig 1856. Vorwort S. XXIV—XXVI.

Entwicklung und die politische Constellation und den moralischen Zustand jener Zeit völlig unberücksichtigt ließ. Aus diesem Grunde haben die Einen, welche die freche Immoralität der in dem „Il principe" ausgesprochenen Lehren mit dem in den anderen Schriften bemerkbaren gediegenen Urtheil, den „Fürstendiener" hier mit dem begeisterten Republikaner und Demokraten, wie Machiavelli besonders aus den „Discursen über Livius" und aus seiner langjährigen Thätigkeit als Gesandter der Republik Florenz uns entgegentritt, nicht in Einklang zu bringen vermochten, haben — sagen wir — die Einen (es ist die am frühesten aufgetauchte Ansicht)[53] gemeint: Machiavelli habe in dem „Fürsten" eine „furchtbare Analyse des Despotismus" selbst gegeben, habe das vollständige Gemälde der Tyrannei und die Mittel zu ihrer Erhaltung entworfen, als Mahnung für die allzu gebuldigen Völker,[54] oder — wie Andere meinen —, als eine Falle für die Tyrannen selbst, da sie, wenn sie jenen Rathschlägen folgten, unzweifelhaft ihren eigenen Untergang herbeiführen würden.[55] Doch widerspricht dem Character einer Satire, den ja dann die Schrift haben würde, der tiefe Ernst und der Nachdruck, mit dem das ganze Buch geschrieben ist; es widersprechen vor Allem die klar den Zweck und die Tendenz des Buches aussprechenden Worte in der „Widmung" und im letzten Capitel. Wie die Letzterwähnten arge Hinterlist, so trauen Andere — vorzugsweise mit Rücksicht auf den Wortlaut der Dedicatien, vielleicht auch mit Rücksicht auf die äußerst dürftige Lage, in der sich der Verfasser damals allerdings befand — dem Machiavelli die characterlose, gemeine Absicht zu: diese Schrift mit ihren Lehren — gegen seine eigene Ueberzeugung — lediglich verfaßt zu haben, um sich bei den Mediceern wieder in Gunst zu setzen.[56] In noch schlimmeren, das Andenken des Florentiners arg beschimpfenden Irrthum sind Diejenigen gefallen, welche Machiavelli's Lehren eine allgemeine Geltung beilegen zu müssen glaubten, und sich auf den Standpunkt der positiven Moral stellend mit leichter Mühe die aus dem Zusammenhange von Ort und Zeit herausgehobenen Lehren verdammten und verfluchten und so aus ihrem Verfasser ein „Ungeheuer" machten, das mit „Teufelsfingern" ein Product der Hölle in die Welt gesetzt habe. Diese Ansicht wird auch von Friedrich dem Großen getheilt; sie war die im vorigen Jahrhundert allgemein verbreitete: Machiavelli galt als der „Vertreter der absoluten Staatsgewalt und Staatskunst in ihren verderblichsten und einseitigsten Uebertreibungen". Erst in unserem Jahrhunderte hat man angefangen, jenen Politiker in dem unzweifelhaft richtigen Lichte erscheinen zu lassen. Außer Fichte und Herder hat besonders Ranke[57] die Vertheidigung übernommen; er sieht in der Schrift ein politisches Musterwerk für die italienischen Fürsten jener Zeit, in ihrem Geschmack, nach ihren Grundsätzen geschrieben, Italien von den Barbaren zu befreien. Eine Begründung und weitere Ausführung in demselben Sinne bot Macaulay in seinem glänzenden Essay,[58] indem er zur richtigen Würdigung des übelbeleumdeten Mannes vor Allem auf die staatsrechtlichen Grundsätze und die äußerst tief stehende Moral jener Zeit überhaupt hinwies. So schritt die Forschung immer weiter, indem Männer wie Johannes von Müller, Schlosser, Raumer, Gervinus, Robert von Mohl, Trendelenburg ihre schätzenswerthen Beiträge lieferten; sie schritt aber nur langsam vorwärts, weil man immer sich nur eines Theiles der Frage bemächtigte. Erst nachdem man eingesehen hat, daß zum richtigen Verständniß jenes wie jedes Schriftstellers nur eine gleichzeitige Benutzung aller oben

---

[53]) Diese Auslegung bietet bereits ein Brief vom 1. April 1537 an Machiavelli's Freund Zanobi, lange fälschlich als von Mach. selbst herrührend angesehen: Vgl. A. W. Rehberg Uebersetzung von Niccolo Machiavelli's Buch vom Fürsten. Hannover 1824. Einleitung S. 4, Anmerkung.

[54]) Diese Ansicht verfechten: Spinoza tractatus politicus. V. §. 8. — Rousseau Contrat social III., 6. Alfiéri „Del principe e delle Lettere" II., 9. Auch Scherr a. a. O. theilt diese Ansicht.

[55]) Ansicht des Cardinal Pole in Florenz.

[56]) Theodor Mundt Mach. und das System der modernen Politik. 1861. —

[57]) L. Ranke Zur Kritik neuerer Geschichtschreiber. Berl. u. Leipz. 1821. Das vor mehr als 50 Jahren zuerst erschienene Werk (sein Erstlingswerk überhaupt) hat im vorigen Jahre eine neue Bearbeitung und Auflage (Leipzig 1874) erhalten, in welcher besonders die früheren Ansichten über Machiavelli wie über seinen Landsmann Guicciardini weiter ausgeführt und eingehend erklärt werden.

[58]) Essay on Machiavelli. March. 1827, abgedruckt in „Cridical and historical Essays etc. Leipzig 1850. Vol. I., pag. 61—110.

berührten Factoren führen kann, tritt uns ein vollständiges Bild Machiavelli's vor Augen. Ein neues Licht haben die neuesten politischen Ereignisse auf jenen Mahner des Mittelalters geworfen, so daß die in unserer Zeit glücklich durchgeführte Befreiung und Einigung Italiens nicht nur den Ruhm, sondern auch das Verständniß des Machiavelli erheblich gefördert hat. Von diesem Gesichtspuncte sind die neuesten Untersuchungen ausgegangen: Karl Knies[59] hat den Patriotismus Machiavelli's, seine Liebe für das Gesammt-Vaterland Italien hervorgehoben; Twesten[60]) giebt eine Orientirung über den Stand der Frage, indem er alle bisher hervorgehobenen Momente zur richtigen Würdigung zu Grunde legt, und ganz besonders Machiavelli's Wünsche von damals und ihre heutige Erfüllung zusammenstellt; das Bedeutendste endlich, was je über Machiavelli geschrieben ist, bietet der bezügliche Abschnitt in Francesco de Sanctis's italienischer Literaturgeschichte,[61], wo nicht mehr allein eine Vertheidigung Machiavelli's, eine Abwehr der ungerechten Angriffe gegeben, also nicht mehr vorzugsweise die negative Seite ins Auge gefaßt wird, sondern wo mit gründlicher Benutzung aller Quellen und Hilfsmittel eine positive Darstellung des Machiavelli als Mensch, als Staatsmann, als Schriftsteller erreicht ist. Nach allen diesen Untersuchungen ist nun klar geworden, daß Machiavelli zwar, als Kind seiner Zeit, ebenso irreligiös und als Privatmann ebenso unmoralisch ist, wie seine Zeitgenossen, daß er aber doch hoch aus seiner Zeit hervorragt als „Begründer eines neuen moralischen Bewußtseins, als der Verkünder neuer würdiger Ziele und Zwecke". Italien befand sich damals auf dem Höhepunct seiner geistigen Cultur; aber während die Künste und Wissenschaften ihre glänzenden Triumphe feierten, waren Staat und Kirche in Verfall, jedes moralische Bewußtsein verschwunden, der Begriff „Vaterland", „Staat" den Köpfen abhanden gekommen. Machiavelli aber kennt den Begriff, er folgt ihm. In allem Handeln beherrscht ihn eine treibende und belebende hohe Kraft: die Idee des Vaterlandes, nicht blos seines engen Vaterlandes, der Commune Florenz — denn was gilt sie allein gegenüber den mächtigen Staaten Europa's! —, sondern des Gesammt-Vaterlandes Italien. Die Liebe zu diesem, wie überhaupt der Patriotismus gilt ihm als die erste Pflicht des Individuums.[62]) Darum erscheint er in seiner amtlichen Thätigkeit zwar Anfangs ausschließlich als Florentiner, als begeisterter Anhänger der Republik, doch zeigen alle seine Schriften[63]) gleichzeitig bereits neben seinem republikanischen Geiste eine innige Liebe zu Italien. Die glänzende Herrschaft des großen Lorenzo von Medici, der ja die Formen der Republik bestehen ließ, hat er gleich seinen Landsleuten bewundernd getragen, dann aber nach Vertreibung des unfähigen Piero die Wiederherstellung der Republik mit Freuden begrüßt und in der Folge vierzehn Jahre als Staatssecretär in den schwierigsten Gesandtschaftsgeschäften, welche außer großer Klugheit echt republikanischen Sinn erforderten, mit Hingebung, Eifer und Erfolg der Republik gedient. Doch als er vermöge dieser einflußreichen Stellung, die ihn in Frankreich, in Deutschland, in Rom mit den bedeutendsten Männern in Beziehung setzte, allmählich in die fortwährenden Befehdungen der Parteien in Florenz selbst — oft genug herrschte völlige Anarchie in der Republik — und in die zahlreichen politischen Fehler und Mißgriffe der Leiter dieses Gemeinwesens einen tieferen Einblick gewann — Maßregeln, die mehrmals die fremden Mächte selbst auf Italiens Boden lockten und das Land der Zerfleischung durch die rohen Söldnerschaaren überlieferten —: da mußte sich ihm die Ueberzeugung von der Unfähigkeit des Fortbestehens dieser durch und durch ungesunden Republik auf-

---

[59]) „Der Patriotismus Machiavelli's" in Preuß. Jahrb. Juni 1871.
[60]) In der bereits erwähnten Schrift über „Machiavelli".
[61]) Storia della Letteratura Italiana, Napoli, Morano 1870 im 15. Capitel, womit zusammenzuhalten das 12. Capitel.
[62]) Vor dieser Pflicht treten alle anderen Pflichten, treten alle Rechte des Individuums zurück; Letzteres wird Werkzeug des Staates. Dem Staate, dem Wohle der Gesammtheit wird Moral, wird Religion dienstbar gemacht.
[63]) Es kommen hier besonders seine histor. und polit. Abhandlungen in Betracht, außer dem Fürsten namentlich: seine „Gesandtschaftsberichte", sodann „Istorie fiorentine 1215—1492". Florenz 1532. (Deutsch von Reumann. Berlin 1809, 2 Bände und — wie schon erwähnt — von A. Reumont) ein Muster edler italienischer Prosa: endlich seine: „discorsi sopra la prima decade de Tito Livio". —

drängen; und als er sieht, wie das schöne Italien von den fremden Schaaren, die dort ihre Fehden ausfechten,⁶⁴) grausam verheert wird, von „Barbaren", die Italien abzuwehren zu schwach ist, weil es in zahllose kleinere und größere Fürstenthümer und Republiken zerspalten ist: da regt sich in ihm das Mitleid über das „von einem Meer von Leiden durchwühlte" Land, und durch alle seine Schriften zieht fortan eine tiefe Trauer über Italiens innere Zerrissenheit, und heftige Entrüstung über die das Land verheerenden Söldnerschaaren. Fortan strebt sein reger Geist, dem unglücklichen Lande Hülfe zu verschaffen. Frankreichs Stärke beruht auf seiner Einheit, Deutschlands Schwäche, ja politische Ohnmacht⁶⁵) ist begründet in seiner Zerrissenheit: dies Räsonnement zeigt ihm den Weg. Erst muß Italien politisch geeinigt werden durch einen starken Fürstenarm, dann kann es den Boden von den frechen Eindringlingen säubern. So tritt allmählich der Republikanismus des Florentiners vor dem Patriotismus des Italieners zurück. Er erkennt die Unhaltbarkeit dieser vielen kleinen Herrschaften, und fortan ist für ihn die ganze einige Nation das Vaterland. Als er nun unter den italienischen Fürsten Musterung hielt, schien ihm Niemand passender, um das große Einigungswerk auszuführen, als ein Medici. Der Name der Mediciäer hatte von den Tagen des Kosmos und des kunstsinnigen Lorenzo her noch einen guten Klang beim italienischen Volke und einen großen Anhang aller Orten; überdies — das wichtigste Moment — saß auf dem päbstlichen Stuhle ein Mediciäer, der energische Leo X., dessen Macht und Ansehen bei diesem Werke natürlich unermeßlichen Vorschub leisten mußte. Daher hielt Machiavelli den Neffen des Pabstes, Lorenzo von Medici, für die geeignetste Persönlichkeit. Ihn hatte Leo zum Herzoge von Urbino gemacht; ihm hatte er auch wieder Antheil an der Regierung von Florenz verschafft. Diesem jungen Fürsten will Machiavelli nun in seinem „Il principe" die Mittel und Wege angeben, wie er eine starke Herrschaft gründen könne, stark genug, um die vielen italienischen Interessen unter einen Hut zu bringen und in einer einzigen Richtung zu erhalten. Persönlichkeit und Zeit schienen ihm passend. Das Volk haßte die Eindringlinge, die von den Besitz des Landes kämpften; es haßte mit der Gluth und Leidenschaft der Südländer und mit dem Unwillen unterdrückter und mißhandelter Völker. Daher wäre es mit Freuden einem Erretter gefolgt. „Seht" — so ruft er drum im 26. Cap. des „Il principe" den Mediciäern zu — „wie das Volk zu Gott ruft, er möge Jemand senden, der es von der Grausamkeit und dem Uebermuthe der Barbaren erlöse. Seht, wie geneigt es ist, der Fahne zu folgen, wenn nur Jemand da wäre, der sie aufpflanzte. . . . . Ich vermag es nicht auszudrücken, mit welcher Begierde ihn (den Erretter) alle Länder aufnehmen würden, sie, die so viel von den fremden Ueberschwemmungen gelitten haben; mit welchem Durst nach Rache; mit welcher unüberwindlichen Treue; mit welcher frommen Liebe. Wie viel Thränen würden für ihn fließen! Welche Thore würden ihm wohl verschlossen bleiben? Welches Volk sich weigern, ihm zu gehorchen? Jedermann ekelt diese fremde Herrschaft an." Darum — so lautet die Aufforderung an den Herzog — übernehme euer erlauchtes Haus das Werk, mit den guten Muthe und der Hoffnung, mit welcher gerechte Unternehmungen angefangen werden, damit das Vaterland unter seinen Fahnen wieder geadelt werde, und die Prophezeiung des Petrarca eintreffe: die Tugend wird gegen die wilde Wuth in Waffen treten, und das Gefecht bald entschieden sein; denn die alte Tapferkeit ist in der Brust des Italieners noch nicht erstorben. Die Rathschläge, welche er zu diesem Zwecke dem Herzoge giebt, vermöge sorgfältiger Studien abstrahirt aus den Beispielen der alten Geschichte, und zum Theil wörtlich aus

---

⁶⁴) Es ist ja die Zeit, wo Kaiser und Pabst, Deutschland, Frankreich, Spanien, Venedig und die Schweiz in Italien ihre europäischen Conflicte ausfochten, und zwar mit Soldaten, die in Italien nicht nur leben, sondern schwelgen und reich werden wollten.

⁶⁵) Treffend sind Machiavelli's Urtheile über die Nationen, mit denen er amtlich in Berührung gekommen ist. Während er den Character der Deutschen weit über den Leichtsinn und die Insolenz der Franzosen stellt (Brief v. 10. Aug. 1513) und namentlich die Redlichkeit und Religion der Deutschen rühmend hervorhebt, gilt ihm eine politisch geeinte Frankreichs Hilfe weit höher, da es eine starke Kriegsmacht jeder Zeit zu Gebote hat, da der König so viel Geld durch Auflage erheben kann, so viel Truppen ansammeln kann als er will, während die Deutschen, „wenn der Kaiser Truppen und Geld vom Reiche fordert, ihn mit Reichstagen bezahlen", und die gesammelten Truppen ihm wieder auseinanderlaufen, sobald der Sold fehlt. „Deutschlands Macht" — so lautet schon sein Urtheil — „ist groß, doch so, daß man sie nicht gebrauchen kann."

den Schriften des Sueton, Livius, Cicero und besonders Tacitus⁶⁵) übertragen, durch seine mannigfache practische Thätigkeit erprobt, zeugen Alle von eminentem politischen Scharfblick und speciell von klarer Kenntniß der italienischen Verhältnisse und werden vorgetragen mit logischer Schärfe und unerbittlich den Verstand in Fesseln schlagender Consequenz. Freilich vor dem Forum der strengen Moral vermögen sie nicht zu bestehen. Daß er zur Erreichung des gesteckten Zieles jedes Mittel für gut hält, werden wir nimmer gut heißen können; doch dürfen wir nicht die Ansichten jener Zeit und den moralischen Zustand der damaligen Gesellschaft außer Augen lassen; wir dürfen nicht vergessen — es ist Macaulay's Verdienst, dies nachgewiesen zu haben —, daß Machiavelli's Grundsätze völlig mit der Grundansicht Italiens wie jener Zeit überhaupt übereinstimmten,⁶⁷) daß man überhaupt in Italien in Folge der feineren und weichlicheren Sitten, des Uebergewichtes der kirchlichen Hierarchie statt des kriegerischen Adels gegen das Ende des Mittelalters geneigter und nachsichtiger gegen die Sünden berechneter Hinterlist, treulosen Wortbruchs, erschreckenden Verrathes war, während man in den nördlichen Ländern eher leidenschaftliche Gewaltthaten, rohe Ausbrüche des Hasses und der Rachsucht verzieh, namentlich wenn die That mit persönlichem Muthe ausgeführt war." Der Südländer — meint Twesten — begriff nicht, warum man den Gegner nicht belügen und hintergehen, durch Gift oder Meuchelmord aus dem Wege räumen sollte, den essen zu erschlagen auch der Nordländer für erlaubt hielt. Darum waren zu jener Zeit — Caesar Borgia characterisirt sie genügend⁶⁸) — Mord, Treubruch, Verrath dem Italiener geläufige Handlungen, sowohl in den zahlreichen inneren Fehden wie im Kampfe gegen die Fremden.⁶⁹) Was zur Herrschaft führt, ist gut: war allgemeiner Wahlspruch. Jeder erlaubte sich Alles, was den Weg dazu bahnen konnte: Alle aber verfehlten ihren Zweck, weil sie nicht Einsicht genug hatten, die rechten Mittel zu wählen. Schandthaten wurden allgemein von den Fürsten verübt, und doch brachten sie dem Lande keine Heilung, sondern zerfleischten es immer mehr. Darum — so ruft der nüchterne Practiker den Fürsten, vor Allem dem Einen zu — wollt Ihr denn einmal unmoralische Mittel anwenden, so verfahrt doch je, daß sie auch zur Befreiung des Landes führen; verfolget mit Consequenz, mit Character den eingeschlagenen Weg! War das Ziel erreicht, hatte der Fürst die Fremden von Italiens Boden verjagt, die Einheit des Landes geschaffen, seine Herrschaft fest begründet: dann mochte er die Tugend zur Geltung bringen;⁷⁰) bis dahin aber genügt es, tugendhaft zu scheinen, wo es nöthig ist, grausam lügnerisch und trügerisch, wo der Vortheil es erheischt. Machiavelli war also nicht gleichgültig gegen Ehre und Tugend, nicht gleichgültig gegen die Moralität des Zweckes; sein Machiavelismus bestand in der planmäßig gleichen Bereitschaft zum Guten wie Bösen, und war aufgestellt allein mit Rücksicht auf sein Vaterland. Es waren scharfe Mittel, die er empfahl, aber es galt auch einer gefährlichen Krankheit. „Er suchte" — sagt Ranke — „die Heilung Italiens, doch der Zustand desselben schien ihm so verzweifelt, daß er kühn genug war, ihm Gift zu verschreiben". Daß diese seine Mittel dem kranken Lande Hülfe bringen konnten, hat die Folgezeit gelehrt. Damals freilich ließen sich Machiavelli's Ideen bei der Lage der Dinge nicht ver-

---

⁶⁶) Voltaire in dem erwähnten „Essai de Critique sur Machiavel" hat sich die Mühe gemacht, unter dem französischen Text die bezüglichen Stellen aus dem lat. Autoren zu bemerken

⁶⁷) Daher erregten diese Grundsätze und Consequenzen, als sie durch den Druck bekannt wurden, in Italien bei den hervorragenden Männern gar keinen Anstoß. Pabst Clemens VII. gestattete unbedenklich den Druck des „Fürsten" (1532), und auch die anderen Schriften wurden in der päpstlichen Officin gedruckt.

⁶⁸) Jener vielbesprochene Vorgang, daß dieser verruchte Herrscher eine Anzahl seiner gefährlichsten Feinde zu sich einlud und dann umbrachte, erschien damals als ein Meisterstück, wie es in ähnlicher Lage auch von anderen Regierungen unternommen und wohl eher übel durchgeführt worden war. Vgl. Knies a. a. O. S. 668.

⁶⁹) Die auswärtige Politik aller damaligen italienischen Regierungen hatte stets 2 Ziele vor Augen: 1) das stärkere Anwachsen jedes einzelnen ital. Staates als eine allen übrigen gemeinsame Gefahr zu behandeln, 2) und keinen einzelnen von den um ihn gebietenden Italien rivalisirenden auswärtigen Staaten ausschließlich Einfluß in Italien zu lassen

⁷⁰) Ein sittlicher Zustand des Volkes soll die Wirkung der Machtentfaltung sein: das verlangt er an mehreren Stellen des „Fürsten" (bes. Capp. 7. 12. 17. 21.) und in seinen anderen Schriften, so besonders am Schluß der florent. Gesch. Er will Recht, Religion, Wissenschaft und Kunst in seinem Staate, aber erst als **Wirkung der Macht**. Der Weg zu dieser Macht kann gegen Recht und Sitte verstoßen, wenn er nur zum Ziele führt. —

wirklichen: Herzog Lorenzo starb zu früh; er war auch dieser großen Aufgabe nicht gewachsen; vor Allem war die Zeit noch nicht reif für ein solches Ideal. Doch Machiavelli's Mahnrufe wiederholten sich fort und fort in den Schriften der späteren italienischen Historiker; der Gedanke an das einige, unabhängige Vaterland schlug immer festere Wurzeln in den Gemüthern des Volkes; und die practischen Winke des Machiavelli sind von den späteren italienischen Fürsten mit Erfolg angewendet worden; und wenn wir heute Italiens Einheitsbau aufgerichtet sehen und rückwärts schauen auf sein allmähliches Werden und Wachsen, so finden wir als nicht unwesentliche Bausteine in demselben die Rathschläge des berühmten Florentiners um das Ende des Mittelalters. Das steht heute fest in der deutschen Forschung;[11]) das gestehen heute dankbar die Italiener. So faßt Francesco de Sanctis in dem erwähnten Werke[12]) Machiavelli's Bedeutung also zusammen: „Es waren Illusionen; er sah Italien ein wenig durch das Medium seiner Wünsche. Seine Ehre als Bürger ist es, diese Illusionen gehabt zu haben. Und es ist sein Ruhm als Denker, seine Utopie auf die wahren und dauerhaften Elemente der modernen Gesellschaft und der italienischen Nation begründet zu haben, bestimmt, sich in einer mehr oder weniger entfernten Zukunft zu entwickeln, deren Weg er vorgezeichnet hat. Die Illusionen der Gegenwart waren die Wahrheit der Zukunft;" und das wahre Wesen des Machiavellismus schildert er treffend (S. 149) so: „Der Ernst des irdischen Lebens mit seinem Werkzeuge, der Arbeit, seinem Zielpuncte, dem Vaterlande, seinem Princip, der Gleichheit und Freiheit, seinem moralischen Bande, der Nation, seinem Beweger, dem menschlichen Geiste und Gedanken, der unveränderlich und unsterblich, mit seinem Organismus, dem Staate, der autonom und unabhängig ist, mit der Disciplin der Kräfte, dem Gleichgewichte der Interessen: das ist das Absolute und Bleibende in der Welt des Machiavelli, deren Krone der Ruhm d. i. der Beifall des Menschengeschlechts und deren Grundlage die Tüchtigkeit (virtù) oder der Character (agere et pati fortia) ist . . . . Das ist der wahre Machiavellismus, lebendig, ja jugendfrisch noch heute. Es ist das Programm der modernen Welt, das später entwickelt, verbessert, erweitert, mehr oder weniger realisirt worden. Und groß sind die Nationen, die am meisten sich ihm annähern." —

Wie ganz anders erscheint Machiavelli noch in Friedrichs Schrift? Friedrich blickt nicht auf die Persönlichkeit, auf das Leben und die Zeit seines Gegners; von Machiavelli's Schriften scheint er außer dem „Fürsten" in einer französischen Uebersetzung nichts gelesen zu haben; ja selbst in dem „Il principe" übersieht er die den Zweck und die Tendenz angebenden Worte in der Einleitung und im Schlußcapitel. Sorgfältiges Quellenstudium lag ihm — wie überhaupt seiner Zeit — noch fern: Bayle, Moreri und andere dickleibige Conversations-Lexica müssen unendlich oft aushelfen. Er schaut nur auf den verderblichen Einfluß, welchen die — mißverstandenen — Lehren jener Schrift 3 Jahrhunderte hindurch auf die Politik der Fürsten und die Moral der Privatleute geübt hatte, und stellt so — gemäß der damals fast allgemein verbreiteten Ansicht — als den Inhalt der Schrift nicht die Mittel und Wege, auf denen man zur Herrschaft gelange und dieselbe befestige und erhalte, sondern bereits installirter Fürsten Regierungskunst hin, und octroyirt dem Machiavelli die Absicht, ein allgemeines Lehrbuch der Moral oder Moralosigkeit für die Fürsten, ein „Breviarium jeder Schurkerei und Schamlosigkeit" aufzustellen. Darum erscheint ihm Machiavelli's Fürst als ein Gebilde der Hölle, welches, von schnödester Selbstsucht getrieben, zur Befriedigung seiner Leidenschaften lügen, betrügen, morden, rauben und plündern kann, ganz wie es eigene Neigung und eigener Vortheil gebietet. Es ist klar, daß Friedrich von einem ganz falschen Standpuncte ausgehend, auch falsche Folgerungen zieht und in eine Menge von einzelnen Fehlern verfällt. Ja die ganze Kritik, welche er an dem Buche übt, erscheint uns

---

[11]) Knies im Anfang der erwähnten Schrift sagt: „Gewiß wäre es eine wohlverdiente Huldigung, wenn die Italiener des Jahres 1871 mit Ephenkränzen jenes Grabdenkmal schmücken würden, welches die Italiener von 1782 in der Florentiner Kirche von Sta Croce zwischen den Denkmälern für Galilei und Michel Angelo mit der Inschrift „nullum elogium par tanto nomini" ihrem Mitbürger Machiavelli errichtet haben." —

[12]) p. 137.

heute als verfehlt.[14] Da es aber eine gewisse Berechtigung hat, gegen den schädlichen Einfluß, welchen ein Buch durch die darin ausgesprochenen Tendenzen ausgeübt hat, mit den Waffen der Moral anzukämpfen — in dieser Hinsicht können wir Friedrich nur dankbar sein, daß er mit solcher Entrüstung dem ausgedehnten Mißbrauche der mißdeuteten Lehren entgegengetreten ist —, und da es — wie schon gesagt — auch die Gerechtigkeit verlangt, neben den Vorzügen eines Werkes auch die Mängel zu erwähnen, so stehe hier eine kurze Uebersicht über die Art seines kritischen Verfahrens.

Das Erste, was bei dem Durchlesen der beiden Schriften auffällt, ist bei Machiavelli die ruhige, besonnene, stets auf Beweise sich stützende Redeweise, bei Friedrich aber oft eine Darstellung voll maßloser Wuthausbrüche, oft ohne Berechtigung, bisweilen von ermüdender Wirkung. Man hat diese maßlosen Aeußerungen mit der Entrüstung, welche der Königssohn über jene „Muster von Fürsten" fühlte, entschuldigen wollen; doch werden derartige Ausdrücke immer den Kürzeren ziehen, ja kaum am Platze sein, wo es sich um die Widerlegung einer kalt abgemessenen einfachen Darstellungsweise voller verführerischen, den Verstand unwiderstehlich gefangen nehmenden Reizes handelt. Auch Voltaire sah hierin eine Schwäche der Schrift und beschnitt vorzugsweise diese Stellen.

Derselbe Eifer, der ihn zu so maßlos heftigen Aeußerungen gegen das ganze Buch veranlaßt, leitet ihn auch zu manchen Fehlern im Einzelnen. Obgleich er meist seines Gegners richtige Behauptungen als wahr anerkennt und nur ihrer Immoralität wegen verdammt,[15] so reißt ihn der Eifer für seine gute Sache doch bisweilen zu Ungerechtigkeiten fort. Wenn Machiavelli von seinem Fürsten (S. 212 vgl. 226 u. 228) verlangt, er solle sich enthaltsam den Frauen seiner Unterthanen gegenüber verhalten, so bot für die Klugheit dieses Rathes — ganz abgesehen von der Moral — die florentinische Geschichte wie die anderer Völker wohl genug Belege; Friedrich indessen (S. 253) findet es unbegreiflich, wie ein Florentiner solchen Rath geben kann: „oder", setzt er ironisch hinzu, „sollte Machiavelli außer seinen andern schönen Eigenschaften auch noch die des Jesuiten besitzen?" Häufig übersieht er sogar, während er mit Harnisch und Schwert auf seinen Gegner einstürmt, daß er völlig mit demselben über den streitigen Punct einverstanden ist. Großen Menschenkennern, wie sie Beide waren, entging nicht die allgemeine Schwäche der menschlichen Creatur und ihre Verkauftheit an Jedwedem, zu Gutem und Bösem: bei Beiden finden wir diesen Gedanken wiederholt ausgesprochen. In Cap. II. sind beide einig in ihren Ansichten „über die erblichen Fürsten" und die Leichtigkeit derselben, sich auf dem Throne zu halten; Uebereinstimmung zeigt im Wesentlichen das ganze Cap. IV. Der Mißbrauch der Religion, besonders durch die Päbste (Antim. S. 212 ff.), die Definition des Glückes (Cap. VI. u. XXV.) und die Benutzung der günstigen Conjuncturen: zeigen in ihrem Ganzen Einverständniß zwischen beiden. In der Abhandlung über das Kriegswesen (Cap. XIV.) wird Machiavelli's Zerrerung, der Fürst müsse vor Allem kriegstüchtig sein, auf die Spitze getrieben und lächerlich gemacht (S. 224 ff.) und doch werden von ihm an seinen Fürsten dieselben Ansprüche gestellt. Endlich wenn wir in den Capp. XXII. u. XXIII. Machiavellis Namen gar nicht erwähnt finden, so lehrt uns ein Blick in Machiavelli's Buch, daß Friedrichs Ausführungen der trefflichen Lehren Machiavelli's sind. — Die directen Mittel seiner Widerlegung sind nun einmal allgemeine — moralische, philosophische — Reflexionen: manche haben wir schon zu betrachten Gelegenheit gehabt: gute wie verfehlte; wir erkennen in ihnen den Anhänger Christian Wolff's, mit dessen Metaphysik er sich redlich abgequält hat; wir sehen den wachsenden Einfluß Voltaire's auf seinen hohen Freund; wir bekämpfen die materialistische Weltanschauung wird bekämpft, der Spinozismus mit scharfen Waffen angegriffen. Sehr gute Gedanken bietet Cap. IV., bes. S. 178, ferner die schon betrachtete geistvolle Abhandlung über das Gift der Schmeichelei und ihre Bekämpfung. Andere Mittel der Widerlegung sind, daß er historische Betrachtungen anders als Machiavelli's auffaßt oder den Beispielen seines Gegners andere — entgegen-

---

[14] Nur diese eine Seite der Schrift hat Zweisen im Auge, wenn er a. a. O. S. 8 den Antimachiavelli „als eine leichte Jugendarbeit Friedrichs" geringschätzig behandelt.

[15] Wir citiren im Folgenden Machiavelli's Buch nach der erwähnten Uebersetzung und Ausgabe von Rehberg. Vgl. bes. S. 267 und 268.

gesetzte — gegenübersteltt. In beiden Fällen steht er seinem Gegner weit nach an Geschichtskenntniß, politischem Scharfblick und Umsicht und zeigt sich oft recht oberflächlich. Falsch ist das Urtheil über Moses S. 185. Wenn er ferner S. 252 ff. die Unschädlichkeit der Galanterie des Fürsten gegen die Frauen mit dem Beispiel Caesar's zu beweisen sucht, welcher, obgleich „der Gatte aller Frauen", doch deshalb sich keinen Haß zugezogen hätte: so lassen sich diesem einen Beispiele wohl hundert andere entgegensetzen, welche beweisen, daß Galanterie als übertriebene Ausschweifung durchaus haßerregend ist (Mach. 212, 226, 228). In dieser Hinsicht ist sein Hauptfehler, daß er den verschiedenen Zeitverhältnissen nicht Rechnung trägt. Er sagt uns zwar sehr richtig (S. 215): „So wie der Arzt nicht ein Heilmittel für alle Krankheiten habe, so könne auch der geschickteste Politiker nicht für alle Regierungsformen aller Länder und aller Zeiten allgemein gültige Regeln aufstellen", doch begeht er selbst sehr häufig das Unrecht, das er dem Machiavelli aufbürdet, indem er die Verschiedenheit der Zeitlagen aus den Augen läßt. Wenn er z. B. (Cap. V.) besonders scharf gegen den „unvernünftigen und verruchten Politiker von Florenz" auftritt, weil er als das sicherste Mittel zur Behauptung der Herrschaft eines Landes die Zerstörung der mächtigsten Städte empfiehlt, und dies Mittel als der Moral und dem Interesse des Fürsten widersprechend verwirft (S. 181 ff.), so berücksichtigt er nur das Jetzt und läßt das Damals völlig außer Augen. Machiavelli dachte an die Zeiten der Guelfen und Gnibellinen: Zeiten, in welchen Städte wie Mailand dem Erdboden gleich gemacht wurden, mit nicht mehr Bedenklichkeit als wie zur Zeit der Leibeigenschaft ein Landedelmann seine Bauern verpflanzte, um ihre Höfe einzuziehen: Daher spricht Machiavelli von Zerstörungen ganzer Städte wie von gewöhnlichen Dingen. Heute aber lehrt die Politik, aus der Unterjochung Vortheile zu ziehen, welche mit so gewaltsamen Maßregeln unvereinbar sind. — Nur das Heute hat Friedrich im Auge; ein Gesichtspunct, der bei Beurtheilung der historiographischen Thätigkeit Friedrichs stets festzuhalten ist. — Er will nicht die Ereignisse der Vergangenheit aus ihrer Zeit heraus erklären, will nicht die Vergangenheit ins rechte Licht stellen; sondern er schreibt nur für die Gegenwart, und nur zur Aufklärung dieser giebt er Beispiele aus der Vergangenheit. — Als Hauptwaffe der Widerlegung endlich bemüht er sich — wie er im Vorwort angiebt — Widersprüche in den Lehren Machiavelli's zu finden und so die Unhaltbarkeit des Buches durch sich selbst ans Licht treten zu lassen. Leider passirt es ihm oft, daß er Widersprüche entdeckt, die außer in seiner Einbildung nirgends existiren; theils weil sein Uebereifer ihn irre führt, theils weil er stets nur auf das Einzelne schauend und das System aus den Augen verlierend, einzelne Sätze herausgreift und einseitig auffaßt. Solche vermeintlichen Widersprüche findet man auf S. 200, S. 253 (vgl. damit Mach. Fürst S. 192); Cap. XXI. (vgl. Mach. S. 237); S. 280 (Mach. S. 250); und S. 281. Es würde zu weit führen, wollten wir dies im Einzelnen entwickeln; eine Vergleichung der citirten Stellen beider Schriften ergiebt leicht die Irrthümer Friedrichs. — Ja seine Polemik wird sogar kleinlich und greift zu Wortklaubereien. In dieser Hinsicht ist die Bemerkung auf S. 219 characteristisch: Bei Machiavelli (S. 160) lesen wir: die Venetianer waren genöthigt, den Herzog von Carmagnole „aus der Welt gehen zu lassen"; zu diesem Ausdruck bemerkt Friedrich: als wenn dies etwas Anderes wäre als ihn „„vergiften"" oder „„ermorden""; als wenn dann folgt die Nutzanwendung: „So meint dieser Lehrer der Bosheit die schwärzesten Thaten unschuldig machen zu können, indem er die Ausdrücke mildert." — Es sind dies augenscheinlich Waffen, welche einem Gegner von der Gedankenreife, Weltkenntniß und logischen Schärfe Machiavelli's nicht zum Siege führen; unzweifelhaft hat Friedrich mit ihnen auch weniger Erfolg gehabt als durch die Entgegenstellung seines Fürstenideals.

Wenn wir nämlich das Facit unserer Betrachtung ziehen, so werden wir einerseits gern hervorheben, daß trotz der Mängel, welche wir an der Kritik Friedrichs gerügt haben, dieselbe nicht nur ihre Berechtigung, sondern auch ihre Verdienste gehabt hat, da durch sie das Ansehen der verkannten und mißbrauchten Lehren Machiavelli's bei den Fürsten und ihren Rathgebern nicht unerheblich gemindert worden ist; doch müssen wir gleichzeitig constatiren, daß die Stärke der Schrift, ihr bleibender Werth entschieden in den positiven Gedanken liegt, die wir unter II. betrachtet haben. Ihnen vorzüglich ist das ungeheure Aufsehen und die gewaltigen Wirkungen zuzuschreiben, welche sich an das Buch geknüpft haben.

Wir sahen ja, welcher Fäulniß in der Politik wie im Privatleben der Fürsten und ihrer Umgebung, welcher Stumpfheit und Gleichgültigkeit bei den Volksmassen Friedrichs Buch geißelnd, mahnend, rathend und aufmunternd entgegentrat. Darum mögen uns heutzutage viele der von ihm ausgeführten Gedanken alltäglich, selbstverständlich erscheinen; damals waren sie neu; in jener Zeit, wo die Fürsten überall durch Gewalt den Staat erhalten wollten, wo sie ohne Bedenken der Sittlichkeit und dem Rechte Verdorbenheit und Verschlagenheit falls zu ihrem Vortheile      vorzogen, wo sie leichtfertig mit dem Leben und Glücke ihrer Völker spielten, nach ihrer Ansicht spielen durften, da sie ja ihre Herren waren: damals erschienen sie neu und überraschend, vor Allem jener Grundgedanke, den Friedrich in dieser Schrift zum ersten Male mit größter Präcision, mit genauer Begründung laut und begeistert vor der Welt aussprach: „der Fürst ist der Diener des Staates". [75]) Wir begreifen, daß die Völker damals entzückt waren über die ideale Auffassung des Fürstenberufes, der nur einzig und allein die Glückes und der Wohlfahrt des Landes bezwecke und mehr mit Liebe als mit Härte zu üben sei; wir begreifen, wie ungewohnt ihnen die Worte von der eigentlichen Bestimmung der Völker klangen; denn es war ihnen neu, daß sie auch Rechte hätten, ebenso wie ihr Herrscher Pflichten habe, da sie bisher für sich nur die Pflichten des Servilismus und für den Herrscher die Rechte des Despotismus gekannt hatten. — Mit gemischten Gefühlen nahmen die Fürsten das Buch auf. Den Meisten trieb es die Schamröthe ins Gesicht. Ihnen erschien nackt und unverdeckt ihr verwerflicher Egoismus vor Augen; sie sahen ihre Schwächen und Fehler mit ungeschminkter Offenheit geschildert; sie lasen, wie verdammenswerth jene rechtlosen und unsittlichen Schach- und Winkelzüge seien, welche ihre Politik aus Machiavelli's Lehren leider mit zu großer Raffinirtheit bedurt und angenommen hatte. Sie fanden an unzähligen Stellen deutlich heraus: Hier richtet der Verfasser die Spitze gegen Dich; und ebenso offen standen sie gebrandmarkt da in den Augen der Menge. [76]) — Die verdiente Beschämung führte allmählich auch bei ihnen zur Besserung — Die wenigen edleren Fürsten jener Zeit aber vernahmen mit Freuden aus dieser Schrift, was ihrer Zeit fehlte; sie begrüßten mit Freuden die Mittel, welche der allgemeinen Fäulniß gegenüber Hülfe und Rettung bringen könnten. Zu patriotischen Pflichten, zu staatlichen Anschauungen mußten Fürst und Volk erst wieder erzogen werden: das sollte fortan ihre Aufgabe sein: diese Mahnung entnahmen sie aus dem Buche. Der köstliche Lohn, welchen Friedrich seinem Fürsten in Aussicht stellt: er schien ihnen der Mühe hinlänglich werth!

Das natürliche Aufsehen, das solche Gedanken in solcher Zeit erregten, wußte Voltaire noch durch künstliche Mittel zu steigern. Anonym erscheint es — so will es der Kronprinz. Doch weiß Voltaire schon vor ihrem Erscheinen die Neugier, das Interesse des Publikums für es zu machen, und noch vor ihrer Veröffentlichung durch geheimnißvolle Andeutungen die Spannung der Gemüther zu erhöhen. [77]) Voltaire hat Recht: bald wußte, Dank seiner Hinweisungen, alle Welt, daß Preußens neuer König der Vater solcher Gedanken sei. Um so größer war das Staunen, um so nachahmungswürdiger erschien, was er gerathen. So ging das Buch von Hand zu Hand, erlebte unzählige Auflagen, Uebersetzungen in fast alle europäische Sprachen, Besprechungen, Kritiken. Und als man nun bei dem neuen Herrscher den diesen ausgesprochenen Ideen, der neuen Lehre „vom Fortschreiten mit der Zeit, von dem Segen der Industrie, von der nothwendigen Verbesserung des Zustandes aller Klassen" — im Verein mit Voltaire und der französischen Aufklärung — auch fernerhin huldigte

---

[75]) später bekanntlich sein Lieblingswort.
[76]) Er selbst äußert sich mehrfach, daß er oft die einzelnen Persönlichkeiten und Hergänge so gekennzeichnet habe, daß Jeder sie leicht erkennen konnte; daher wollte er die Schrift auch anonym erscheinen lassen: vgl. Oeuvr. posthumes etc. Berl. 1788. Tom. 9, p. 88. 91.
[77]) „L'illustre auteur de cette réfutation" — so schreibt er in der Vorrede seines „Antimachiavel" — „est une de ces grandes ames que le ciel forme rarement pour ramenes le genre humain à la vertu par leurs préceptes et par leur exemples .... On sera sans doute étonné quand j'apprendrai au lecteurs que celui qui écrit en Français d'un style si noble, si énergique et souvent si pur, est un jeune Etranger, qui n'étoit jamais venu en France . . . . Ces leçons qu'il s'est données, méritent d'être celles de tous les rois .... Le grand homme dont je suis l'éditeur, ne cite point; mais je me trompe fort, ou il sera cité à jamais par tous ceux qui aimeront la raison et la justice . . . ."

und ihnen durch die That in seinem Staate Leben und Gestalt verlieh: da vollzog sich — Anfangs kaum merklich — allmählich in den Anschauungen der Fürsten und Völker, in ihrem Verhältniß untereinander und zum Staate, in den herrschenden Regierungsmaximen, in Politik und Staatsrechtslehre ein heilsamer Umschwung. Friedrichs Adlerauge — das wußte man — überschaute ganz Europa; seine allzeit fertige Zunge, seine spitze Feder geißelte unbarmherzig jede Schwäche; sein Spott schonte Niemand — das empfanden Deutschlands kleine Fürstlichkeiten so gut wie die mächtige russische Czarin und das französische Weiberregiment. Die Geschichtsschreiber jener Zeit lügen nicht, wenn sie sagen: Friedrich's Zeitgenossen — nicht nur seine Unterthanen — athmeten wahrhaft auf, wie von einem drückenden Alp befreit, als der Tod des Königs scharfe Zunge stumm machte. Doch die Weck- und Mahnrufe, die er ausgestoßen, vor Allem jene Idee, daß der Staat nicht Privateigenthum der Fürsten sei, sondern daß diese ebenso wie die Unterthanen um des Staates Willen daseien, daß darum bei Beiden in erster Linie die Pflichten, nicht die Rechte zur Geltung kämen: Jene Gedanken verschwanden nicht mehr aus der Welt; sie wirkten fort und fort und fanden in der modernen Staatsrechtslehre gegenüber den veralten Systemen des Mittelalters und der selbst im Anfang des 18. Jahrhunderts noch meist gültigen Idee des Patrimonialstaates ihre bestimmte Fixirung, ihre dauernde Geltung.[18])

Das ist die allgemeine Bedeutung dieser Schrift wie der späteren damit übereinstimmenden politischen Schriftstellerei Friedrichs überhaupt.

Speziell für Friedrich und für Preußen liegt der Werth des „Antimachiavelli" darin, daß die Abfassung dem Kronprinzen zur Vorbereitung für seinen künftigen Beruf diente, der Inhalt aber als Programm seiner ganzen Regierung anzusehen ist.

Entstanden wenige Jahre vor seiner Thronbesteigung, mit mehrjähriger Sorgfalt, mit weit größerer Gewissenhaftigkeit als die anderen Schriften bearbeitet,[19]) die höchsten menschlichen Ideen, die wichtigsten philosophischen und politischen Fragen betreffend, zeigt sie uns, wie redlich und ernsthaft der Kronprinz bemüht ist, über die Grundsätze, denen er später folgen müsse, sich Klarheit zu verschaffen; lehrt sie uns, mit wie wahrhaft idealen Gesinnungen er sein schwieriges Amt übernahm. Wie er dereinst sein Volk mächtig nach Außen und glücklich im Innern machen könne; was wurde ihm durch das Meditiren über den Inhalt dieser und einer zweiten zu gleicher Zeit und an gleichem Orte entstandenen Schrift klar. Der „Antimachiavelli" und die „Considérations sur l'état présent du corps politique de l'Europe" bieten in gewisser Hinsicht das Programm seiner Regierung: beide Schriften ergänzen sich. Letztere läßt bereits den gewiegten Politiker der Zukunft ahnen; sie weist seiner künftigen auswärtigen Politik die unzweifelhaft richtige Aufgabe zu: vor Allem dem Streben des Hauses Habsburg nach der Erbmonarchie über Deutschland und dem Verlangen Frankreichs nach der Weltmonarchie — welches die Gründe der unsicheren Lage Deutschlands und Europas seien — mit allen Kräften entgegenzuarbeiten.[20]) Die Beschäftigung mit diesem Stoffe erweiterte den politischen Horizont des Kronprinzen, orientirte ihn über die politische Constellation, hat also rein practische, real-politische Bedeutung. Der Antimachiavelli aber bietet gleichsam die theoretische Basis für sein zukünftiges Handeln, bietet die philosophische, moralische, staatsrechtliche Begründung der später von ihm befolgten Regierungsmaximen. Denn was er in dieser Schrift in idealer Begeisterung vorgetragen, in seinen späteren Schriften, in seinem Leben hat er es aufrecht gehalten. Immer galt ihm als der erste Paragraph dieses Programms der Grundsatz: „Der

---

[18]) Diese Bedeutung Friedrichs für die allgemeine Staatslehre hat der um die deutsche Rechtswissenschaft hochverdiente Professor Bluntschli „Geschichte des allg. Staatsrechts" ausführlich nachgewiesen. — „In einer Monarchie ist der Fürst nicht der Herr und Eigenthümer des Staates, als eines Herrschaftsobjectes, sondern der Staat ist ein bestimmte Zwecke verfolgendes Subject, dessen erster Diener der Fürst ist und dem sich der Fürst unbedingt zu opfern hat." Voretius a. a. O. S. 42. — Trendelenburg in der erwähnten Abhandlung nennt daher Friedrichs Schrift „ein nicht unwichtiges Ereigniß in der Geschichte der politischen Meinungen": etwas sehr reservirt und unbestimmt!

[19]) Bemerkenswerth ist in dieser Hinsicht auch noch der Briefwechsel mit Algarotti: vgl. bes. Briefe vom 1. September und 29. October 1739 und 19. Mai 1740.

[20]) Duncker hat diese practische real-politische Schrift zum Gegenstande einer Abhandlung gemacht in: „Zeitschrift für preuß. Gesch." Jan. 1871.

König ist der erste Diener des Staates, und sein Beruf ist der schwerste." Dies war die
Grundlage, aber auch der Schlußstein seiner Monarchie!

Es ist wahr, daß dieser Gedanke, der den übrigen Fürsten und Völkern jener Zeit neu war, dem preußischen
Herrscherhause schon seit dem großen Kurfürsten Familientradition war, und daß der große Kurfürst und
Friedrich Wilhelm I. schon ihrem großen Nachfolger gezeigt hatten, wie nur durch strenge Pflichterfüllung von
Seiten des Herrschers selbst das Volk zur Erfüllung seiner Pflichten erzogen werden könne. Aber so essen und
unumwunden ausgesprochen, so präcis formulirt, so ausführlich erörtert und motivirt, mit so edler Begeisterung
vorgetragen finden wir es bis dahin noch nirgends. Ja — wenn wir weiter gehen — kaum hat wohl je ein
Mensch es mit Erfüllung der ihm obliegenden Pflichten bis zum letzten Augenblick so ernst genommen als
Friedrich der Große von dem Augenblick an, wo er aus seines Vaters starker Hand das Scepter erhielt, bis
zu dem Moment, da er nicht ohne Bangen einem schwächlichen, schwankenden Charakter die Sorge für den
fest und mächtig gefügten Staat überlassen mußte. Es kann hier nicht unsere Aufgabe sein, im Einzelnen die
in dem Buche erwähnten Gedanken und Vorschriften an Friedrichs Leben zu erproben; wir müssen uns darauf
beschränken, zu der Behauptung, seine 46jährige Regierungsthätigkeit halte die Probe zu dem im Antimachiavelli
ausgeführten Exempel wohl aus, einzelne — wir hoffen die wichtigsten — Belege zu geben. Dahin gehört
vor Allem die an den Fürsten gestellte Forderung der vollständigen jederzeitigen Aufopferung für den Staat.
Sie findet sich immer mit derselben Strenge und Unerbittlichkeit, in seinen spätern Schriften oft von ihm ausgesprochen und durch sein Handeln erfüllt. Ewig denkwürdig sind die Worte, welche er gleich nach seiner Thronbesteigung bei der Vereidigung der Minister (am 2. Juni zu Charlottenburg) sagte: Sie sollen wissen, daß
künftig das Interesse des Landes von dem des Königs nicht geschieden sei, wie das sein Vater bisweilen aus
triftigen Gründen gestattet. Entstehe aber noch jetzt ein solcher scheinbarer Widerspruch, so solle allezeit das
Interesse des Landes dem des Regenten vorangehen. — Und als er in dem letzten Jahrzehnt
seines Lebens gleichsam als den Gewinn und die Ausbeute seiner langen Erfahrungen in einer zweiten politischen
Schrift die Grundsätze darlegte, welche ihn während seines Lebens geleitet, da paßte dies sein Glaubensbekenntniß
wunderbar zu den in Antimachiavelli dem Fürsten gegebenen Vorschriften. Mit fast übertriebener Consequenz
hat er in seinem Leben diese Forderung erfüllt. Es hat etwas Rührendes, wenn man liest, mit wie peinlicher
Sorgfalt dieser König seine Tageszeit eintheilte, wie er fast jede Stunde dem Dienste des Staates weihte.
Arbeit war sein eigentliches Lebenselement und seine Lust; ja man kann mit Recht sagen, daß er fast nie etwas
Anderes gethan hat, als für Preußen's Größe zu sorgen[*]; denn selbst seine Erholungen, die wissenschaftlichen
Studien und zahlreichen schriftlichen Arbeiten dienten ihm zur weiteren Anregung und Kräftigung seines Geistes. —
Wie alle seine Kräfte, so hielt er sich auch verpflichtet, seine Neigungen und eigenen Interessen dem Staate zu
opfern. Er hat selbst in hohem Grade Ehrgeiz und Streben nach Kriegsruhm besessen; beide Leidenschaften
bekämpft er im Antimachiavelli, wie wir gesehen; doch gesteht er anderswo zu, daß sie auch ihn Anfangs beherrscht hätten. Doch schon während des 1sten schlesischen Krieges hat er diese verderblichen Leidenschaften überwunden, wie er selbst in der „Histoire de mon temps" ausführt. Fortan kennt er nur ein Interesse: die
„Zulänglichkeit" des preußischen Staates, das Glück und die Wohlfahrt des Volkes. Und für dies — so weit
geht seine Hingebung und Aufopferungsfähigkeit — ist er bereit, auch sein Leben zu opfern. Wir wissen aus
seinen eigenen Schriften, wie Gift, das er bei sich trug für gefährliche Lagen, in denen seine etwaige Gefangen-
nehmung seinem Lande irgend welchen Schaden stiften könnte, dann dies dem Staate schädliche Leben enden
sollte; und er selbst sagt uns, als seine Kräfte abnehmen: „Ich sterbe gern; wozu noch leben, da meine Schwäche
mir einerlei, weder weiter meine Pflichten zu erfüllen". Dem Staatswohl muß selbst nachstehen die eigene
Ehre, die Moral des Privatmannes: So schreibt er später, so handelt er. Allein diese Rücksicht (auf
seine Rechtsansprüche hat er bekanntlich wenig gegeben) treibt ihn zum 1sten schlesischen Kriege; sie heißt ihn, in

---

[*] „Ich bin" — schreibt er an Voltaire am 5. März — „wie ein Galeerensclave an das Staatsschiff geschmiedet, oder vielmehr ein Pilot, der das Steuer in keinem Augenblick verlassen darf." Oeuvr. XXII., 187.

demselben das Bündniß mit seinen Coalirten aufzugeben und mit Oesterreich den Separatvertrag zu schließen; sie endlich heißt ihn nicht müßig zuschauen, als an der Ostgrenze seiner Monarchie ein arg zu Grunde gerichtetes Land von lüsternen Liebhabern getheilt werden soll. Die Gründe hierfür setzt er selbst mit liebenswürdiger Offenheit in seiner „Histoire de mon temps" auseinander. „Die Czarin" — führt er mit Beziehung auf das Letzterwähnte aus — „war entschlossen, einen Theil Polens zu nehmen; ich konnte und wollte deshalb meinen Staat nicht in einen neuen Krieg stürzen. Wurde aber Rußland in Polen stärker, so war Preußen's Lage gefährdeter als je. Indessen diese Gefahr ließ sich auf andere Art aufheben. Rußland's Vergrößerungssucht bot eine äußerst günstige Gelegenheit, das für die Verbindung von Brandenburg mit Ostpreußen so überaus wichtige polnische Preußen zu gewinnen. Man hätte ja ganz dumm sein müssen, hätte man eine so vortreffliche Gelegenheit nicht benutzt. Darum ergriff ich diese Gelegenheit beim Schopf, und durch ein weniges Handeln und Intriguiren gelang diese für den Staat so höchst wichtige Erwerbung". — Somit scheint er in dieser Frage, wie es mit der Moral auf dem Gebiete der Politik stehe, von den hohen Forderungen, die wir in dem Antimachiavelli gerade in dieser Hinsicht besonders nachdrücklich ausgesprochen fanden, späterhin um bestimmter Zwecke Willen abgegangen zu sein. Werden wir ihm deshalb einen Vorwurf machen? Sahen wir doch schon oben, wie er sich windet und dreht zwischen dem positiven Grundsatz: „dieselbe Moral und Offenheit in der Politik wie im Leben eines Privatmannes!" und zwischen dem einzelnen Ausnahmefällen. Die kleinen Listen und Intriguen, an denen die Diplomaten Ludwig's XIV. und XV. so äußerst reich waren, verschmähte seine Wahrheitsliebe, verabscheute sein Stolz. Wo aber der Nutzen und Vortheil des Staates es gebot, da zögerte er nicht, gleich seinen Gegnern, ein Unternehmen nicht mit Rücksicht auf das Recht, sondern auf den Erfolg zu prüfen, und — wenn die Chancen gute waren — unbesorgt zu wagen. Wie der erste Diener des Staates, so sollten auch die andern sein. Alle Beamte, von dem höchsten Adel herunter bis zu dem Thorschreiber, haben nur ein Interesse: das Staatswohl; nur eine Pflicht: die der angestrengtesten und aufopferndsten Thätigkeit in ihrem Amte. Es ist bekannt, mit welcher Wachsamkeit er das Getriebe der Staatsmaschine bis in's Kleinste und Einzelne hinein überwachte, wie sein Adlerauge Alles schaute, wie hier scharfe Rüge den Saumseligen anspornte, dort harte Strafe Pflichtvergessenheit oder schlechte That traf. Es ist wahr: diese strengen Forderungen der Pflichterfüllung des Königs — welche von Jahr zu Jahr sich steigerten, je mehr der Tod unter den Vertrauten seines Lebens aufräumte und je einsamer der König auf seiner Höhe stand — diese unerbittlichen Forderungen hatten für Viele etwas Schreckliches; es ist wahr: in den höheren Beamtenkreisen entstand dadurch allmählich eine Mißstimmung, manch Unwille; aber das Verdienst des Königs bleibt dadurch ungeschmälert, und das preußische Volk begriff, welch unermeßlicher Segen ein solcher König für den Staat sei; das Volk schaute mit Ehrfurcht, oft mit scheuem Staunen zu diesem Fürsten hinauf, welcher den Fürstendienst als den schwersten ansah und so unermüdlich bis zum letzten Augenblick seine Pflicht that und gleiche Erfüllung von Jedem forderte.

Das Volk erhob sich unter der Leitung eines solchen Königs allmählich aus einem dumpfen Dahinleben zum höheren Selbstbewußtsein und zur Selbstthätigkeit; es gewann allmählich Verständniß für die hohen Aufgaben, welche Friedrich's mächtiger Geist dem preußischen Staate stellte; es folgte freudig und willig dem kühnen Siegesfluge seiner Waffen. So entstand unter des Meisters bildender Hand jenes Volk, welches in kriegerischer Thätigkeit erprobt, in den Beschäftigungen und Tugenden des Friedens wohl geübt, in dem Geiste „echter Duldung" geleitet, mit Verständniß für eine „neue Zeit" vorgebildet, vor Allem aber an schweigendem Gehorsam gewöhnt und mit lebendigem Staatsgefühl erfüllt, im Stande war, die späteren Zeiten der Noth und der Schmach geduldig zu überstehen und endlich als ein durchweg gesundes, kräftiges Volk in einem freien Gemeinwesen den deutschen Kaiserthron wieder aufzurichten. Der „Antimachiavelli" war der Ausgangspunct der folgenschweren Thaten Friedrich's des Großen.

# Schulnachrichten.

## I. Lehrverfassung.

### Prima.

Zweijähriger Cursus. Ordinarius: Oberlehrer Dr. Krahmer.

1. **Religion.** Kirchengeschichte und Glaubenslehre. Wiederholung von Evangelium, Spruch und Lied nach dem Bibelkalender. 2 Std. Director.
2. **Deutsch.** Die erste klassische Blüthenperiode. Lectüre des Nibelungen-Liedes und aus Walther von der Vogelweide sowie prosaischer Stücke von Lessing. Freie Vorträge und Aufsätze. 3 Std. Director.
3. **Latein.** Vergil Aeneis lib. VI. Wiederholung des Caesar bell. gall. lib. II—V. 3 Std. Dr. Krahmer.
4. **Französisch.** Racine's Athalie und prosaische Abschnitte aus Herrig. Freie Aufsätze, Exercitien, Extemporalien, grammatische Wiederholungen, mündliche Vorträge. 4 Std. Dr. Lambeck.
5. **Englisch.** Shakespeare's Richard II. und Macaulay, Ranke history of the Popes, sonst wie im Französischen. 3 Std. Dr. Krahmer.
6. **Geschichte und Geographie.** Neuere Geschichte und Wiederholungen früherer Theile auch in mündlichen Vorträgen, geographische Wiederholungen. 3 Std. Dr. Krahmer.
7. **Physik.** Mathematische Geographie, Lehre vom Gleichgewicht, Fallgesetze, Centralbewegung. 3 Std. Dr. Schütte.
8. **Chemie.** Die Verbindungen des Natrium, Kalium, Calcium, Magnesium, Barium, Aluminium und des Eisens. 3 Std. Passow.
9. **Mathematik.** Sphärische Trigonometrie, Kettenbrüche, diophantische und reciproke Gleichungen; analytische Geometrie. Dr. Schütte.
10. **Zeichnen.** Freihandzeichnen nach Vorlagen und Gyps, Linear- und Planzeichnen; Schatten Constructionen, axonometrische und architectonisches Zeichnen. 3 Std. Müller.
11. **Singen.** Die Schüler dieser Klasse bilden mit den besten Sängern der anderen Klassen (II.—V.) den ersten Sängerkreis und singen Motetten, 4stimmige Choräle, Volks- und andere Lieder. 2 Std. Dornhecker.

### Ober-Secunda.

Einjähriger Cursus. Ordinarius: Oberlehrer Dr. Schütte.

1. **Religion.** Das Leben Jesu nach den vier Evangelien und die Apostelgeschichte, sonst wie I. 2 Std. Director.
2. **Deutsch.** Lectüre ausgewählter Dichtungen von Göthe (Hermann und Dorothea) und Klopstock (Oden). Poetik, freie Aufsätze und Vorträge. Uebungen im Disponiren. 3 Std. Dr. Jock.
3. **Latein.** Ovid. Metam. lib. XIV, 155—309; 436—633; 772—851. XV, 1—407; 418—489; 548 bis zu Ende. — Sallust Catilina. Moduslehre. Exercitien und Extemporalien. 4 Std. S. Dr. Lüdke. W. Dr. Düsing.

4. **Französisch.** Ségur, histoire de Napoléon liv. IX und X; häusliche Lectüre aus liv. XI und XII, sowie aus Barthélemy, voyage du jeune Anacharsis. Grammatik nach Ploetz, Cursus II, Lect. 54—75. Exercitien, Extemporalien und Dictate nach dem Gehör. 4 Std. Dr. Lambeck.
5. **Englisch.** Lectüre aus Herrig (Marryat, three cutters und Scott, Lady of the Lake); häusliche Lectüre des Ossian. Grammatik nach Foelsing 2. Theil. Exercitien und Extemporalien. 3 Std. Dr. Krahmer.
6. **Geschichte und Geographie.** Mittlere Geschichte. — Europa, Australien und Nord-Amerika. 3 Std. Dr. Krahmer.
7. **Physik.** Bewegungslehre, Akustik, Magnetismus, Reibungselectricität, Galvanismus. 2 Std. Dr. Schütte.
8. **Chemie.** Nichtmetalle, die wichtigsten Säuren. 2 Std. Passow.
9. **Mathematik.** Wiederholung der Aehnlichkeit, Kreisberechnung, Construction algebraischer Ausdrücke, Stereometrie, quadratische Gleichungen, Progressionen. 5 Std. Dr. Schütte.
10. **Naturbeschreibung.** Uebersicht der Pflanzen-Familien, Elemente der Pflanzen-Anatomie und Physiologie. Mineralogie. 2 Std. Passow.
11. **Zeichnen.** Geometrisches Zeichnen, orthographische Projectionen, die Säulenordnungen, Freihandzeichnen nach Gyps und Vorlagen. 2 Std. Müller.
12. **Singen** wie I.

## Unter-Secunda. *)

Einjähriger Cursus. Ordinarius: Oberlehrer Dr. Fock.

1. **Religion.** Alttestamentarische Abschnitte mit besonderer Berücksichtigung der Psalmen und der Messianischen Weissagungen. 2 Std. Fock.
2. **Deutsch.** Lectüre des Spazierganges und der Glocke von Schiller; das Wichtigste aus der Metrik, freie Aufsätze. 3 Std. coet. 1 Dr. Fock; coet. 2 Förster.
3. **Latein.** Ovid. Metam. lib. I, 1—150; 750—779 lib. II, 1—200; das Wichtigste aus der Prosodie des Hexameter. — Caesar bell. gall. lib. VII. Wiederholungen aus der Casuslehre, Tempus- und Moduslehre. Exercitien und Extemporalien. 4 Std. coet. 1 Dr. Fock; coet. 2 Förster.
4. **Französisch.** Ségur liv. III und IV; häusliche Lectüre aus Barthélemy. coet. 2 liv. I und II. Grammatik nach Ploetz, Lect. 35—57. Exercitien, Extemporalien und Dictate nach dem Gehör. 4 Std. coet. 1 Dr. Lambeck; coet. 2 Dr. Lüble.
5. **Englisch.** Lectüre aus Lübecking (coet. 1 Macaulay und historische Abschnitte, coet. 2 historische Abschnitte) Memoriren von Gedichten; Grammatik nach Foelsing, Exercitien und Extemporalien. 3 Std. coet. 1 Dr. Krahmer; coet. 2 Dr. Lüble.
6. **Geschichte und Geographie.** Alte Geschichte. — Asien, Afrika, Amerika. 3 Std. Dr. Fock.
7. **Physik.** Allgemeine Eigenschaften der Körper, Lehre vom Gleichgewicht, Wärmelehre und Meteorologie. 2 Std. Dr. Schütte.
8. **Chemie.** Sauerstoff, Wasserstoff, Stickstoff, Kohlenstoff, Schwefel und Schwefelmetalle, Phosphor, Chlor und Jod. 2 Std. Passow.
9. **Mathematik.** Wiederholung und Erweiterung des planimetrischen Pensums, Trigonometrie; Logarithmen, Gleichungen des 1. und 2. Grades. coet. 1 Passow; coet. 2 Dr. Gentzen.
10. **Naturbeschreibung.** Botanik, Besprechung ausgewählter Familien; Zoologie, Betrachtung der Wirbelthiere. 2 Std. Passow.
11. **Zeichnen** wie II A. 2 Std. Müller.
12. **Singen** wie I.

---

*) Die Klasse war im Wintersemester in 2 Coetus gespalten, welche nur in der Religion, Geschichte und Geographie, Physik, Chemie, Naturbeschreibung und im Zeichnen gemeinsam unterrichtet wurden.

## Ober-Tertia.

(Einjähriger Cursus. Ordinarius: Oberlehrer Dr. Lübke.

1. **Religion.** Erklärung des 3., 4. und 5. Hauptstücks, Lectüre ausgewählter Abschnitte des Matthäus, Geographie von Palästina, das christliche Kirchenjahr; sonst wie I. 2 Std. Dr. Lübke.
2. **Deutsch.** Lectüre und Erklärung Schillerscher, Goethescher und Uhland'scher Gedichte. Wiederholung der Satzlehre. Declamirübungen, Uebungen im Disponiren und Aufsätze. 3 Std. S. Dr. Lübke; W. Block.
3. **Latein.** Caesar bell. gall. lib. II. III. IV und V bis cap. 40. Wiederholung der Casuslehre. Exercitien und Extemporalien. 5 Std. Dr. Lübke.
4. **Französisch.** Thierry. Guillaume-le-Conquérant p. 85—100. Grammatik nach Plötz, Cursus II, Lect. 1—36. Exercitien und Extemporalien. 4 Std. Dr. Karmohl.
5. **Englisch.** Lectüre aus Lübecking, Vollendung der Formenlehre nach Callin. Exercitien und Extemporalien. 4 Std. Dr. Lübke.
6. **Geschichte und Geographie.** Deutsche Geschichte bis 1806. — Deutschland, besonders Preußen. 4 Std. Dr. Jock.
7. **Mathematik und Rechnen.** Gleichflächigkeit und Aehnlichkeit. — Proportionen, Potenzen und Wurzeln. Discont- und Rentenrechnung, Anwendung der Proportionen auf die bürgerlichen Rechnungsarten. 6 Std. Dr. Genten.
8. **Naturbeschreibung.** Das natürliche Pflanzensystem. Deutsche Wirbelthiere. 2 Std. Passow.
9. **Zeichnen.** Freihandzeichnen nach Köpfen im Umriß und mit Schattirung (mit Kreide und Sepia); Linearzeichnen und erweiterte Lehre von der Perspective. 2 Std. Müller.
10. **Singen** wie I. Die weniger geübten Sänger dieser Klasse, der II A, II B, III B, IV A und B und V A und B bilden den zweiten Sängerkreis und singen Choräle und zweistimmige Lieder. 2 Std. Kirchhoff.

## Unter-Tertia.

(Einjähriger Cursus.*) Ordinarius: Dr. Lambeck.

1. **Religion.** Das 1. und 2. Hauptstück mit Belagstellen, sonst wie I. 2 Std. Dr. Brügmann.
2. **Deutsch.** Erklärung und Erlernung ausgewählter Gedichte. Die Satzlehre; freie Aufsätze. 3 Std. Dr. Lambeck.
3. **Latein.** Lectüre des Nepos (Agesilaus, Eumenes, Phocion, Timoleon, De Regibus, Hamilcar, Hannibal, Cato, Atticus). Erweiterung der Casuslehre. Exercitien und Extemporalien. 5 Std. coet. 1 und 2; Förster.
4. **Französisch.** Michaud I<sup>e</sup> croisade chap. 10—15. Grammatik nach Plötz II. Cursus Lect. 1—23. Exercitien, Extemporalien und Dictate nach dem Gehör. 4 Std. coet. 1 und 2: Dr. Herbst.
5. **Englisch.** Die Elemente dieser Sprache nach Callin; Exercitien und Extemporalien. 4 Std. Dr. Lambeck.
6. **Geschichte und Geographie.** Brandenburgisch-preußische Geschichte. — Europa, besonders Deutschland. 4 Std. Dr. Düsing.
7. **Mathematik und Rechnen.** Kreislehre. Die 4 Species mit algebraischen Zahlen. Gewinn-, Verlust-, Brutto- und Kettenrechnung. Umgekehrte Regel-de tri. 6 Std. coet. 1 Dr. Genten; coet. 2 Director und Dr. Wienke.
8. **Naturbeschreibung.** Pflanzenfamilien des natürlichen Systems. — Gliederthiere. 2 Std. Dr. Genten.
9. **Zeichnen.** Freihandzeichnen von Gesichtstheilen, Köpfen und Ornamenten im Umriß und in leichter Schattirung. Uebungen im Linearzeichnen, Elemente der Perspective. 2 Std. Müller.
10. **Singen** wie III A.

---

*) Das Pensum dieser Klasse ist so bemessen, daß dieselbe von fähigen und fleißigen Schülern in einem halben Jahre durchlaufen werden kann. — Im Sommersemester war die Klasse in 2 Coetus gespalten.

## Quarta A.

Einjähriger Cursus. Ordinarius: Dr. Herbst.

1. **Religion.** Lectüre des Lucas. Die 5 Hauptstücke mit Luthers Erklärung, Wochenspruch und Lied nach dem Bibelkalender. 2 Std. Dr. Herbst.
2. **Deutsch.** Lectüre aus Masius und hieran der einfach erweiterte und der zusammengezogene Satz. Declamationsübungen und Aufsätze. Dr. Herbst.
3. **Latein.** Lectüre des kleinen Herodot I—XIV. Die wichtigsten Regeln der Syntax der Casus mit Ausschluß des Genitiv und Ablativ. Exercitien und Extemporalien. 6 Std. Dr. Herbst.
4. **Französisch.** Grammatik nach Ploetz, Cursus für Quarta. Lectüre aus Lübecking und Retroversion. Exercitien und Extemporalien. 5 Std. Dr. Brügmann.
5. **Geschichte und Geographie.** Griechische Geschichte bis auf Alexander den Großen, römische bis zu den punischen Kriegen. — Die außereuropäischen Erdtheile. 4 Std. Blod.
6. **Mathematik und Rechnen.** Elemente der Planimetrie, Dreieckslehre, Viereck. 4 Std. Director. — Gesellschaftsrechnung und Zinsrechnung. 2 Std. S. Dr. Wienke; W. Borgwardt.
7. **Naturbeschreibung.** Pflanzen-Demonstrationen, das Linnésche System. — Wirbelthiere. 2 Std. S. Dr. Wienke; W. Borgwardt.
8. **Zeichnen.** Ornamente, zum Theil schattirt, nach Domschke; einfache Netzmuster und Darstellung einfacher Körper. 2 Std. Müller.
9. **Schreiben.** Deutsche und lateinische Schrift nach Vorschriften. 2 Std. Müller.
10. **Singen** wie III B. 2 Std. Kirchhoff.

## Quarta B.

Einjähriger Cursus. Ordinarius: Dr. Brügmann.

(Diese Klasse ist der Quarta A. coordinirt; hier wie in Quinta B. und Sexta B. beginnt der Cursus zu Michaelis.)

Die Pensen und die Stundenzahl sind dieselben wie in IV A. Die Vertheilung der Lectionen war folgende: **Religion, Deutsch, Latein** (Weller p. 1—68), **Geschichte und Geographie** Dr. Brügmann; **Französisch** Dr. Herbst; **Mathematik, Rechnen und Naturbeschreibung**, S. Dr. Wienke, W. Borgwardt; **Zeichnen** (Modellzeichnen, sonst wie IV A) und **Schreiben** Müller; **Singen** Kirchhoff.

## Quinta A.

Einjähriger Cursus. Ordinarius Dr. Karmohl.

1. **Religion.** Biblische Geschichten A. und N. Testaments nach Zahn; die 3 ersten Hauptstücke mit Luthers Erklärung, Wochenspruch und Lied. 3 Std. S. Dr. Wienke; W. Kirchhoff.
2. **Deutsch.** Lectüre aus Masius, an derselben der einfache und einfach erweiterte Satz. Uebungen im Lesen, Erzählen des Gelesenen, Declamirübungen und wöchentlige Dictate. 4 Std. Dr. Karmohl.
3. **Latein.** Die unregelmäßigen Formen in Declination, Comparation und Conjugation, die Pronomina, Zahlwörter, Präpositionen, die verba deponentia, defectiva und anomala. Anfang der Weller-Lectüre. Extemporalien. 6 Std. Dr. Karmohl.
4. **Französisch.** Die Elemente dieser Sprache nach Ploetz, Cursus für Quinta. Extemporalien. 5 Std. Dr. Düsing.
5. **Geschichte und Geographie.** Griechische Sagengeschichte. — Allgemeine Geographie von Europa. 3 Std. Dr. Karmohl.
6. **Rechnen.** Bruchrechnung in benannten und unbenannten Zahlen, Regel-de-tri mit Brüchen, Decimalbrüche. 4 Std. Dr. Gentzen.
7. **Naturbeschreibung.** Beschreibung ausgewählter Pflanzen und Thiere (Vögel und Fische). 2 Std. S. Dr. Wienke; W. Borgwardt.

8. **Zeichnen.** Formenlehre und Uebung im Zeichnen von Ornamenten, Blüthen und Blättern nach Domschke. 2 Std. **Müller.**
9. **Schreiben.** Uebung im Schönschreiben nach Vorschrift. 2 Std. **Kirchhoff.**
10. **Singen.** Erweiterungen der Uebungen aus Sexta. 1 Std. **Dornhecker.**

## Quinta B.

Einjähriger Cursus. Ordinarius: Dr. **Düsing.**

(Quinta A. coordinirt.)

Die Pensen und die Stundenzahl wie in V A. Die Vertheilung der Lectionen war folgende: **Religion, Deutsch, Latein** Dr. Düsing (W. Deutsch Dr. v. Boltenstern); **Französisch** Dr. Karmohl; **Geschichte** und **Geographie** Nibelungensagen und Irrfahrten des Odysseus, Dr. Schütte; **Schreiben** Borgwardt (S. Kirchhoff); **Singen** Dornhecker.

## Sexta A.

Einjähriger Cursus. Ordinarius: **Block.**

1. **Religion.** Biblische Geschichten A. und N. Testaments nach Zahn, die 3 ersten Hauptstücke ohne Luthers Erklärung, Wochenspruch und Lied. 3 Std. **Block.**
2. **Deutsch.** Die Wortlehre und der einfache Satz. Uebungen im Lesen, Erzählen des Gelesenen, Declamir-Uebungen, wöchentliche Dictate, zuweilen ein Aufsatz. 4 Std. **Block.**
3. **Latein.** Die regelmäßige Declination, Conjugation. Mündliche und schriftliche Uebungen im Uebersetzen. 8 Std. **Block.**
4. **Geschichte und Geographie.** Sagen des griechischen Alterthums. — Allgemeine Uebersicht über die Erdoberfläche. 3 Std. S. **Förster;** W. **Dr. v. Boltenstern.**
5. **Rechnen.** Die 4 Species mit einfach benannten Zahlen. 4 Std. **Kirchhoff.**
6. **Naturbeschreibung.** Beschreibung ausgewählter Pflanzen und Thiere (Säugethiere und Reptilien). 2 Std. S. **Dr. Wienke;** W. **Borgwardt.**
7. **Zeichnen.** Formenlehre und Darstellung einfacher Figuren aus geraden Linien. Uebungen nach Vorlagen von Domschke und Bramfeld. 2 Std. **Müller.**
8. **Schreiben.** Deutsche und lateinische Schrift in Buchstaben, Wörtern und Sätzen nach dem Takt. 3 Std. **Kirchhoff.**
9. **Singen.** Gehör- und Treffübungen. Einübung von einstimmigen Volksliedern und Chorälen. 2 Std. **Dornhecker.**

## Sexta B.

Einjähriger Cursus. Ordinarius: **Förster.**

(Sexta A. coordinirt.)

Die Pensen und Stundenzahl wie VI A. Die Vertheilung der Lectionen folgende: **Religion, Deutsch, Latein** Förster (W. Deutsch Dr. v. Boltenstern), **Geschichte** und **Geographie** S. Block, W. Dr. v. Boltenstern; **Rechnen, Schreiben, Singen** Kirchhoff; **Zeichnen** Müller; **Naturbeschreibung** S. Dr. Wienke, W. Borgwardt.

Den Turnunterricht ertheilte in Gemeinschaft mit Herrn Dr. Düsing: Herr Kirchhoff. Im Sommer turnt die ganze Schule in 2 wöchentlichen Stunden, im Winter in je 1 Stunde.

— 39 —

## Lehrer-Tabelle. Wintersemester 1874/75.

| Namen. | Gegenstand. | I. | II. A. | II. B. cost. 1. | II. B. cost. 2. | III. A. sup. | III. B. inf. | IV. A. | IV. B. | V. A. | V. B. | VI. A. | VI. B. | Sa. |
|---|---|---|---|---|---|---|---|---|---|---|---|---|---|---|
| 1. Dr. Brandt, Director. | Religion Deutsch Mathematik | 2 3 | 2 | | | | | 4 | | | | | | 11 Std. |
| 2. Dr. Krahmer, Oberlehrer, Ordinar. d. I. | Latein Englisch Geschichte u. Geogr. | 3 3 3 | 3 3 | 3 | | | | | | | | | | 18 „ |
| 3. Dr. Schütte, Oberlehrer, Ord. d. II. A. | Physik Mathematik Geschichte u. Geogr. | 3 5 | 2 5 | 2 | 2 | | | | | | 3 | | | 20 „ |
| 4. Dr. Fod, Oberlehrer, Ord. d. II. B. | Religion Deutsch Latein Geschichte u. Geogr. | | | 3 | 2 3 4 3 | 2 3 | 4 | | | | | | | 19 „ |
| 5. Paisow, Oberlehrer. | Chemie Mathematik Naturbeschreibung | 3 | 2 2 | 2 5 2 | 2 2 | 2 | | | | | 2 | | | 20 „ |
| 6. Dr. Lüdke, Oberlehrer, Ord. d. III. A. | Religion Latein Englisch Französisch | | | | | 3 4 | 2 5 4 | | | | | | | 18 „ |
| 7. Dr. Lambeck, ordentl. Lehrer, Ord. d. III. B. | Deutsch Französisch Englisch | | 4 | 4 | 4 | | 3 4 | | | | | | | 19 „ |
| 8. Dr. Herbst, ordentl. Lehrer, Ord. d. IV. A. | Religion Deutsch Latein Französisch | | | | | | 4 | 2 3 6 5 | | | | | | 20 „ |
| 9. Dr. Brügmann, ordentl. Lehrer, Ord. d. IV. B. | Religion Deutsch Latein Geschichte u. Geogr. | | | | | | 2 | 5 | 2 3 6 4 | | | | | 22 „ |
| 10. Dr. Gentzen, ordentl. Lehrer. | Mathem. u. Rechnen Naturbeschreibung | | | | 4 | 6 | 6 2 | 4 | | | | | | 22 „ |
| 11. Dr. Karmohl, ordentl. Lehrer Ord. d. V. A. | Deutsch Latein Französisch Geschichte u. Geogr. | | | | | | 4 | | | 4 6 3 | 5 | | | 22 „ |
| 12. Dr. Düsing, ordentl. Lehrer, Ord. d. V. B. | Religion Latein Französisch Geschichte u. Geogr. | | | 4 | | | | | | | 5 | 3 6 | | 22 „ |
| 13. Förster, ordentl. Lehrer, Ord. d. VI. B. | Religion Deutsch Latein | | | | | 3 4 | 5 | | | | | | 3 8 | 23 „ |
| 14. Bloc, ordentl. Lehrer, Ord. d. VI. A. | Religion Deutsch Latein Geschichte u. Geogr. | | | | | 3 | | 4 | | | | 3 4 8 | | 22 „ |
| 15. Müller, Zeichenlehrer. | Zeichnen Schreiben | 3 | 2 | 2 | 2 | 2 | 2 | 2 2 | 2 2 | 2 | 2 | 2 | | 27 „ |
| 16. Kirchhoff, ordentl. techn. Lehrer. | Religion Rechnen Schreiben Gesang | | | II. Chor 3 Std. | | | 3 | | 2 | 2 | | 4 3 2 | 4 3 2 | 26 „ |
| 17. Dornhecker, Gesanglehrer. | Gesang | | | I. Chor 3 Std. | | | | | | | | 2 | | 6 „ |
| 18. Borgwardt, wissenschaftl. Hülfslehrer. | Mathem. u. Rechnen Naturbeschreibung Schreiben | | | | | | 2 2 2 | 6 2 | | 4 | 2 | | | 24 „ |
| 19. Dr v. Bollenstern, wissensch. Hülfslehrer. | Deutsch Geschichte u. Geogr. | | | | | | | | | 4 | | 3 | 4 3 | 14 „ |

## II. Aus der Schul-Chronik.

Das Schuljahr 1874 schloß am 28. März. Das neue Schuljahr begann am 13. April mit der Einführung des Collegen Block in das Amt eines ordentlichen Lehrers der Realschule und mit der Aufnahme der Novizen. Während desselben war unsere Arbeit im ganzen wenig gestört. College Förster mußte für einige Zeit vertreten werden, da derselbe zu einer militairischen Uebung eingezogen war.

Die Vereidigung des Collegen Block erfolgte am 18. April, die des Collegen Förster nach seiner Wiederkehr am 16. Mai. Für einzelne erkrankte Collegen trat eine längere oder kürzere Vertretung ein. Der Candidat des höheren Schulamts Herr Dr. Wienke war im Sommersemester als Probandus an der Anstalt thätig.

Erfreuten sich unsere Schüler auch im allgemeinen eines guten Gesundheitszustandes, so hatten wir doch den Verlust von drei Schülern zu beklagen. Der Ober Tertianer Richard Kraaz starb nach längerem Leiden am 16. Juni, der Unter Tertianer Gustav Piper wurde am 29. Juli, kurz vor Wiederbeginn der Schule nach den Hundstagen, von einem Pferde erschlagen, der Unter Secundaner Eduard Penß starb plötzlich am 14. October, nachdem er frisch und gesund von uns in die Ferien gegangen war. Mit den Eltern betrauern wir den frühen Hingang der lieben Schüler.

Die Ferienschule während der Hundstagsferien wurde vom Collegen Förster gehalten.

Am 19. August wurde die (für das Jahr 1874) zweite Abiturienten-Prüfung gehalten. Sämmtliche Abiturienten erhielten das Zeugniß der Reise.

Die Sedan-Feier am 2. September beging die Schule durch Ansprache des Unterzeichneten an die Schüler der oberen und des Collegen Dr. Düsing an die Schüler der unteren Klassen, sowie durch ein Schulfest in einem Garten der Vorstadt.

Mit dem Schluß des Sommersemesters verließ uns Herr Dr. Wienke, um an das Marienstifts-Gymnasium in Stettin überzugehen. Der fleißige und gewissenhafte Lehrer war uns lieb und werth geworden, so daß wir ihn ungern scheiden sahen.

Während im Sommersemester eine Spaltung der überfüllten Unter-Tertia eingetreten, so war eine solche im Wintersemester für die Unter-Secunda nothwendig geworden. Mit gewohnter Güte gewährte der hochedle Rath die durch jene Spaltungen bedingte Remuneration für die Mehrstunden. Durch Eintritt der Herren Borgwardt und Dr. von Bohlenstern als wissenschaftliche Hülfslehrer wurde die erforderliche Lehrkraft gewonnen.

In den Tagen des 5. und 6. November besuchte der Herr General-Superintendent D. Jaspis die Anstalt, um dem Religions-Unterricht in allen Klassen beizuwohnen. Am Schlusse der Revision hielt derselbe mit den Religionslehrern eine Besprechung, an die Schüler richtete er eine Ansprache.

Die übliche Abend-Unterhaltung veranstaltete die Schule am 18. Februar, dem Todestage Luthers. Außer den Declamationen, den Chor-Gesängen und den musikalischen Vorträgen einiger Schüler wurde diesmal von einem Primaner eine Gedächtnißrede auf Luther gehalten. Der Ertrag der Beiträge - 62 Thlr. 8 Sgr. - wurde, nach Abzug der Kosten, zu gleichen Theilen den Armen der Stadt und dem Arndt-Denkmale auf dem Rugard überwiesen.

Am 26. Februar wurde unter Vorsitz des Herrn Provinzial-Schulraths Dr. Wehrmann die diesjährige Abiturienten-Prüfung abgehalten. Der Abiturient erhielt das Zeugniß der Reise.

An Stelle der öffentlichen Prüfung wird am 18. März ein Klassen-Examen im Französischen gehalten werden.

Die Feier des Geburtstages Sr. Majestät des Kaisers und Königs wird in diesem Jahre nicht öffentlich begangen; die Festrede hält der College Dr. Brügmann.

Die Versetzungs-Prüfung gedenken wir in der drittletzten Märzwoche zu halten, der Schulschluß mit Censur und Abiturienten-Entlassung soll am 24. März erfolgen.

## III. Verordnungen der Behörden.

1) 11. Februar 1874. Der vorgeordnete Herr Minister veranlaßt das Königl. Provinzial-Schul-Collegium, Anordnung zu treffen, daß den Schülern jede Betheiligung an der „Walhalla" untersagt und ein Zuwiderhandeln angemessen bestraft werde.

2) 28. November 1874. Das Königl. Provinzial-Schul-Collegium übersendet eine Polizeiverordnung der Königl. Regierung zu Stralsund, durch welche den Inhabern von Conditoreien, Gasthäusern, Restaurationen, Tabagien und Schenkwirthschaften verboten wird, Schülern Trinkgelage oder bei öffentlichen Lustbarkeiten den Aufenthalt in ihren Localen zu gestatten. Den Inhabern solcher Etablissements innerhalb der Städte ist es ferner untersagt, Schülern, welche sich nicht in Begleitung und Aufsicht Erwachsener befinden, den Aufenthalt in ihren Localen zu gestatten.

3) 6. Februar 1875. Dieselbe Behörde fordert die Einsendung von 344 Programmen.

4) 16. Februar 1875. Dieselbe übersendet eine Verfügung des vorgeordneten Herrn Ministers, nach welcher zum Zweck einer genauen ethnologischen Erforschung der gegenwärtigen Bevölkerung Deutschlands einmalige Erhebungen über die Farbe der Augen, der Haare und der Haut der Schüler, wie in ganz Deutschland, so auch in dem Geschäftsbereich der preußischen Unterrichts-Verwaltung vorgenommen werden sollen.

## IV. Statistische Nachrichten.

Die Namen der Lehrer sind in der vorstehenden Tabelle verzeichnet.
Die Gesammtzahl der Schüler betrug im Sommersemester 415, im Wintersemester 411. Dieselben waren in den Klassen vertheilt:

| Semester. | I. | II. sup. | II. inf. coet. 1. | II. inf. coet. 2. | III. sup. | III. inf. coet. 1. | III. inf. coet. 2. | IV. A. | IV. B. | V. A. | V. B. | VI. A. | VI. B. | Sa. |
|---|---|---|---|---|---|---|---|---|---|---|---|---|---|---|
| Sommer 1874. | 15 | 19 | 38 | 44 | 30 | 30 | 45 | 37 | 39 | 44 | 37 | 37 | | 415 |
| Winter 1874/75. | 17 | 21 | 22 | 23 | 40 | 57 | | 47 | 33 | 44 | 40 | 42 | 25 | 411 |

Zu Ostern 1874 und im Laufe des Schuljahres 1874/75 verließen die Anstalt 84 Schüler. Unter diesen befanden sich die Abiturienten:

| No. | Namen. | Geburtsort. | Alter. Jahre. | Auf der Schule. Jahre. | Davon in I. Jahre. | Prädicate und Bemerkung. | Beruf. |
|---|---|---|---|---|---|---|---|
| | Ostern 1874. | | | | | | |
| 58 | Reinhold Brandt | Grünberg i/S. | 19¼ | 6½ | 2 | genügend bestanden | Militair. |
| 59 | Conrad Mann | Bärwalde | 19⅓ | 4½ | 2 | genügend bestanden | Postfach. |
| 60 | Fritz Palmgrén | Gustow a/R. | 17⅔ | 2 | 2 | genügend bestanden | Studium der Chemie. Jena. |
| 61 | Otto Rahmlow | Franzburg | 18½ | 6 | 2 | genügend bestanden | Baufach. |
| 62 | Carl Rohde | Zubar a/R. | 18⅔ | 8 | 2 | gut bestanden, von der mündlichen Prüfung dispensirt | Studium der neueren Sprachen. Greifswald. |
| | Michaelis 1874. | | | | | | |
| 63 | Eduard Bachus | Stralsund | 19 | 8 | 2 | genügend bestanden | Studium der Mathematik. Greifswald. |
| 64 | Wilhelm Diederich | Barth | 19 | 4½ | 2 | genügend bestanden | Studium der Mathematik. Berlin. |
| 65 | Paul Funk | Timmel | 19¾ | 4½ | 2 | gut bestanden | Studium der Mathematik. München. |
| 66 | Hermann Meier | Bergen a/R. | 19¼ | 4⅓ | 2 | gut bestanden | Studium der Mathematik. Greifswald. |

Die übrigen Schüler gingen ab aus:

## Prima.
Carl Beug (Kaufmann).

## Ober-Secunda.
Julius Ahrens (Baufach), Wilhelm Anthony (Buchdrucker), Max Baier (Kaufmann), Johannes Gabriel (Kaufmann), Carl Graue (Marine Intendantur), Bernhard Heynßen (Kaufmann), August Kellmann (Kaufmann), Ernst Krüger (Kaufmann).

## Unter-Secunda.
Ernst Broockmann (Kaufmann), Arnold Brunst (erkrankt), Willy Dietlein (Realschule zu Frankfurt), Robert Drews (Kaufmann), Wilhelm Engelbrecht (Kaufmann), Gustav Hardrat (Eisenbahndienst), Leopold Harder (Gymnasium), Carl Heitborn (Kaufmann), Wilhelm Hevermid (Kaufmann), Paul Holz (Kaufmann), Hermann Jenas (Kaufmann), Salemo Israel (Kaufmann), Wilhelm Klicow (Kaufmann), Paul Lange (Kaufmann), Otto Liebenow (Kaufmann), Ernst Lyhde (Kaufmann), Leopold Maurer (Kaufmann), Hans Peters (Kaufmann), Paul Schulze (Kaufmann), Christian Schmidt (Kaufmann), Richard Schulz (Kaufmann), Robert Schwebke (Subaltern Beamter), Fritz Stuth (Kaufmann), Julius Suiemihl (Kaufmann).

## Ober-Tertia.
Arnold Bühring (Kaufmann), Carl Frank (Soldat), Max Reding (Kaufmann), Rudolf Krajewski (Kaufmann), Moriz Kretie (Seemann), Heinrich Teusch (Buchhändler).

## Unter-Tertia.
Paul Beneckendorff (Buchhändler), Albert Büring (Maurer), Ernst Fahrnholz (Kaufmann), Hermann Juli (Gewerbeschule), Fritz Pietsch (Kaufmann), Julius Rauch (Kaufmann), Carl Rahmlow (Kaufmann), Erich Tiedt (Gewerbeschule), Gustav Wachtelin (Kupferschmied).

Durch den Tod verloren wir 3 Schüler. Die anderen 23 verließen die Anstalt aus Quarta A. und B. 13 (3 Seemann, 3 Kaufmann, 1 zur Gewerbeschule, 2 in Privat-Unterricht, 2 wegen Umzug der Eltern, 1 Schriftsetzer, 1 Goldschmied); aus Quinta A. und B. 8 (2 zur Gewerbeschule, 2 Kaufmann, 1 Tapezier, 1 in Privat-Unterricht, 2 zu den Eltern zurück); aus Sexta A. und B. 2 (Umzug der Eltern).

## Themata für die Abiturienten-Prüfung.
### Ostern 1874.

**Deutsch.** Welche Vortheile und Annehmlichkeiten haben die Küstenbewohner von der Nähe des Meeres?

**Französisch.** Bataille de Belle-Alliance.

**Englisch.** Exercitium.

**Mathematik.** 1) Die Grundseite eines Dreiecks ist $c = 60$, die Differenz der Quadrate der von der Höhe auf der Grundseite gebildeten Abschnitte $d^2 = 216$ und der größeren Abschnitte anliegende Winkel $d = 38^\circ 42'$. Das Dreieck soll berechnet werden. — 2) Es soll ein Rechteck construirt werden, von dem zwei Ecken in den Durchmesser, die beiden anderen in die Peripherie eines Halbkreises mit dem Radius $r$ fallen, und dessen Umfang gleich der gegebenen Linie 2 m ist.

3) $\begin{cases} 3x + 3y - 5 + 16 - 6y = 6x \\ 2x^2 - y^2 + 2 - 5xy \end{cases}$

4) Ein gerader abgestumpfter Kegel hat die Seite $s$, seine Grundkreise die Radien R und r. Er soll parallel dem Grundkreise so durchschnitten werden, daß der Mantel halbirt wird.

**Physik.** 1) Ein hohles reguläres Tetraeder von der Kante $a = 20$cm ist mit der Spitze nach unten gerichtet und mit Quecksilber spec. Gewicht 13,6) gefüllt. Welchen Druck erleidet jede der Seitenflächen? — 2) In A und B befinden sich zwei Lichtquellen von den Intensitäten $m = 27$ und $n = 32$, die Linie AB ist in C so getheilt, daß $AC : BC = 1 : 2$ ist. Es soll in der Geraden, welche AB in C senkrecht schneidet, ein Punkt gesucht werden, in welchem die Linie von beiden Lichtquellen gleich viel Licht empfängt.

**Chemie.** 1) Das Silber. — 2) Zur Bestimmung des Silbergehalts einer Legirung aus Kupfer und Silber wurden 1,115 gr. der Legirung in Salpetersäure gelöst; zur Fällung des Silbers als Chlorsilber war die Lösung von 0,18 gr. Kochsalz erforderlich. Wie viel Procent Silber enthielt die Legirung?

## Michaelis 1874.

**Deutsch.** Durch welche Gründe wird Luthers Auftreten gegen die kirchliche Autorität gerechtfertigt?
**Französisch.** Exercitium.
**Englisch.** History of the German Reformation from the Diet of Augsburg to the end of the Schmalkaldian war.

**Mathematik.** 1) In einem Dreieck ABC sind zwei Seiten $a = 75{,}6$ und $b = 55{,}2^{cm}$ und der eingeschlossene Winkel $\gamma = 43^{\circ}\,22'$ bekannt. Das Dreieck rotirt um eine durch C gehende Gerade, welche der nach der Mitte von a gezogenen Transversale parallel ist. Wie groß sind Volumen und Oberfläche des Rotationskörpers? 2) Wie viel Zeit verfließt bis zu der Culmination eines Sterns mit der Declination $d = 12^{\circ}\,15'$, wenn er die Höhe $h = 27^{\circ}\,32'$ erreicht hat und die geographische Breite des Beobachtungsortes $\varphi = 54^{\circ}\,19'$ beträgt? — 3) Senkrecht zu der Axe eines Parabel von der Gleichung $y^2 = 2px$ ist eine Sehne gezogen, deren Entfernung vom Scheitel $a$ ist. In das Parabelsegment soll das größte Rechteck beschrieben werden.

4) $\begin{cases} a.\ x^4 y^4 - \tfrac{3}{4} x^3 y^3 - \tfrac{10}{9} x^2 y^2 - \tfrac{3}{4} xy + 1 = 0. \\ b.\ x + y = 3. \end{cases}$

**Physik.** 1) Wie weit wird ein Körper auf einer schiefen Ebene, deren Steigung gegen den Horizont $\alpha = 30^{\circ}$ ist, sich aufwärts bewegen, wenn seine Anfangsgeschwindigkeit $v = 20^m$ und der Reibungscoefficient $\varepsilon = 0{,}05$ ist? — 2) Wie viel Pfund Eis von $0^{\circ}$ werden von 16 ℔ Eisen von $100^{\circ}$ C. geschmolzen? (specifische Wärme des Eisens 0,114, latente Wärme des Wassers 79).

**Chemie.** 1) Der Schwefel. — 2) Wie viel Zink von 5 % Bleigehalt und wie viel Schwefelsäure von 20 % Wassergehalt (außer dem Hydratwasser) sind erforderlich zur Darstellung von 200 Litern ($1\,l = 0{,}08$ gr.) Wasserstoff? —

## V. Vermehrung der Lehr=Apparate.

Die Lehrer=Bibliothek unter Aufsicht des Oberlehrers Dr. Lübke zählt jetzt 1201 Bände. Dieselbe wurde vermehrt durch: Müllenhof, Deutsche Alterthumskunde; Wackernagel, Poetik, Rhetorik und Stilistik; Müller, Essays; v. d. Goltz, die christlichen Grundwahrheiten; Wiesner, die Rohstoffe des Pflanzenreichs; Saint-Simon, Memoires; Besser, St. Pauli Brief an die Römer; Langen, Einleitung in das neue Testament; Cohn, Schulische und Schulhäuser auf der Wiener Weltausstellung; Wilmanns, die Entwickelung der Gudrun-Dichtung; Krummer, Der Führer in die Flechtenkunde; Dove, das Gesetz der Stürme; Darwin, Das Varieren der Thiere und Pflanzen; Schwartz, Handbuch für den biographischen Geschichtsunterricht; Wigand, der Darwinismus; Bartich, das Nolandslied; Reinhold, Geschichte der Philosophie; Dittes, Grundriß der Erziehungs- und Unterrichtslehre; Klotz, Handbuch der lateinischen Stilistik; Höpfner, Practischer Wegweiser durch die christliche Volksliteratur; Swedenborg, Die wahre christliche Religion; Frank, Grundwahrheiten der Religion in Vorträgen; Lachmann, Betrachtungen über Homers Ilias; Trendelenburg, Elementa Logices Aristoteleae; Wagner, Shakespeare und die neueste Kritik; Riebl, Marlowe's Faustus; Fabricius, die alten Siegel der Stadt Stralsund; v. Ranke, die römischen Päbste; Seyffert, Ellendt's lateinische Grammatik; Kirchhoff, Vorlesungen über mathematische Physik; Koenigsberger, Theorie der elliptischen Functionen; sie erhielt an Geschenken: von dem Studiosus Mahnke: Burmeister, Geschichte der Schöpfung. — Die Schüler=Bibliothek unter derselben Aufsicht wurde um 124 Bände vermehrt, so daß dieselbe nun 1612 Bände enthält. Davon wurden gestiftet: von dem Unter=Tertianer Hermann Kübler; Ernst Moritz Arndt von Schmidt. — Die Hülfs=Bibliothek zählt heute 410 Bände. Dieselbe erhielt an Geschenken: 2 Rüdecinus vom Oberlehrer Dr. Krahmer und Ober=Secundaner Paul.

Der physikalische Apparat unter Aufsicht des Oberlehrers Dr. Schütte wurde vermehrt um 1 Scioptikon nebst Bildern, 1 electromagnetischen Motor, 1 Wagner'scher Hammer.

Der chemische Apparat unter Aufsicht des Oberlehrers Passow erfuhr die nothwendigen Ergänzungen.

Die naturhistorische Sammlung unter derselben Aufsicht erhielt eine Sammlung von Krystallmodellen und an Geschenken: Wespenbussarde, Reiher, Wasserralle, Ente von Herrn Kaufmann A. Becker; Möve von Herrn Kaufmann K. Hasselberg; Falke von Herrn stud. Backhus; Wespennest von Herrn Kreisphysikus Dr. v. Haselberg; Schleiereule von Herrn Dr. Herbst; Wasserralle, Sumpfhuhn von Herrn Fabrikbesitzer Maurer; Wühlmaus, Regenpfeifer von Herrn stud. Meier; Uhu von Herrn Oberförster Schütte; Eisvogel von Herrn Sopfe; Sammlung von Kalkstein, Thon, Gyps, Cement von Herrn Rühs; Eichhörnchen von Primaner Schwing; Kanarienvogel vom Ober=Secundaner Jock; Korallen vom Unter=Secundaner Jäcks; Kaninchen vom Ober=Tertianer Schümann; 2 Krabben und mehrere Seethiere vom Quartaner Burkhart; Wiesel vom Quintaner von Schultz; Taschenkrebs vom Quintaner Wolter; Schneckengehäuse vom Quintaner Wertheim; Stamm vom Lilium giganteum vom Quintaner Bremer.

Die Sammlung der Zeichnungen und Modelle unter Aufsicht des Zeichenlehrers Müller erhielt durch Ankauf: 15 Gypsabgüsse aus dem deutschen Gewerbe-Museum; und an Geschenken von Leopold Maurer: Burg, geometrische Zeichenkunst I. Theil, nebst einem Heft von 11 Kupfertafeln und Emmrich, architectonische Entwürfe Heft I; von Herrn Witthaus: 1 Torso, 2 Arme, 1 Hand und 1 Fuß von Gyps.

Die Sammlung der Noten unter der Aufsicht des Gesanglehrers Dornbedter wurde vermehrt um: Partitur zu M. Hauptmann op. 56; Clavierauszug zu Heuchemer op. 9; Clavierauszug, Partitur und Orgelstimmen zu Brambach op. 10; Partitur und Orchesterstimmen zu Mozart, Chor: „Dir, Seele des Weltalls"; Clavierauszug, Partitur und Orchesterstimmen zu H. Berlioz op. 25; Choral: „Ein' feste Burg" für gemischten Chor. An Geschenken erhielt dieselbe von Herrn Dornbedter: Partitur der zweiten Auflage seines op. 12.

Allen freundlichen Gebern wird hiermit der herzlichste und ergebenste Dank gesagt.

Ebenso danke ich auch an dieser Stelle noch besonders dem Herrn Rühs für die freundliche Bereitwilligkeit, mit welcher er im Sommer unsern Primanern den Besuch seiner Cementfabrik gestattete und dieselben mit den Sehenswürdigkeiten derselben bekannt machte.

## Verzeichniß der Lehrbücher.

I. Religion. Bibel, Gesangbuch, Bibelkalender, Richter Hülfsbuch; Deutsch. Viehof; Latein. Livius, Vergil; Französisch. Herrig, Ploetz; Englisch. Herrig, Shakespeare; Mathematik und Physik. Kambly, Schütte, Müller; Geschichte. Dietsch.

II Religion und Deutsch (wie I). Latein. Caesar, Sallust, Ovid, Schultz Grammatik; Französisch. Ségur, Ploetz; Englisch. Herrig, Foelsing, Lübecking 2. Theil; Mathematik und Physik wie I (außer Schütte). Geschichte wie I. Geographie Daniel; Naturgeschichte Paffow.

III A. Religion wie I (außer Richter); Deutsch. Mager, Wendt; Latein. Caesar, Ostermann; Französisch. Thierry, Ploetz; Englisch. Lübecking, Callin; Mathematik, Geschichte, Geographie und Naturgeschichte wie II.

III B. Religion und Deutsch wie III A; Latein. Nepos, Ostermann; Französisch. Michaud, Ploetz; Englisch. Callin, sonst wie III A.

IV. Religion wie III. Deutsch. Masius; Latein. Weller, Ostermann; Französisch. Lübecking, Ploetz; Mathematik. Kambly, sonst wie III.

V. Religion. Zahn, sonst wie IV; Deutsch wie IV; Latein. Kuhr und v. Gruber; Französisch. Ploetz; Rechnen. Foelsing; Geographie und Naturgeschichte wie IV.

VI. Religion, Deutsch, Latein, Rechnen, Geographie wie V.

Das neue Schuljahr beginnt Donnerstag, den 8. April. Die Prüfung neuer Schüler findet für die einheimischen (Aspiranten für Sexta) Donnerstag, den 25. März, für die auswärtigen Mittwoch, den 7. April, früh 9 Uhr im Lokale der Anstalt statt. Bei der Anmeldung sind das Tauf- (Geburts-) und zweite Impf-Zeugniß und ein Abgangs-Zeugniß der früher besuchten Schule mit Stelle zu bringen.

Die Unterrichts- und Prüfungs-Ordnung vom 6. October 1859 setzt in § 2 fest: Der Eintritt in die Sexta erfolgt in der Regel nicht vor dem vollendeten neunten Lebensjahre. Die zur Aufnahme in die Sexta erforderlichen Kenntnisse sind folgende: Geläufigkeit im Lesen lateinischer und deutscher Druckschrift; eine leserliche und reinliche Handschrift; Fertigkeit, Dictirtes ohne grobe orthographische Fehler nachzuschreiben; Sicherheit in den vier Grundrechnungsarten mit gleichbenannten Zahlen. In der Religion wird einige Bekanntschaft mit den Geschichten des A. und N. Testaments, sowie (bei den evangelischen Schülern) mit Bibelsprüchen und Liederversen gefordert.

Bei der Aufnahme von Schülern, die nach Alter und Vorkenntnissen in eine höhere Klasse als Sexta eintreten zu können erwarten, ist besonders darauf zu achten, daß sie im Wesentlichen das Maaß von Kenntnissen mitbringen, welches sie befähigt, den länger auf der Schule unterrichteten Schülern gleichen Schritt zu halten.

**Dr. Brandt.**